BEI GRIN MACHT SICH IHR WISSEN BEZAHLT

Tanja Weizemann

Social Commerce. Das Geschäft mit der Freundschaft

Steuerungsprozesse des Kaufverhaltens in sozialen Netzwerken am Beispiel „Sellaround.net"

GRIN Verlag

Bibliografische Information der Deutschen Nationalbibliothek:

Die Deutsche Bibliothek verzeichnet diese Publikation in der Deutschen National-
bibliografie; detaillierte bibliografische Daten sind im Internet über http://dnb.d-
nb.de/ abrufbar.

Impressum:

Copyright © 2011 GRIN Verlag GmbH
Druck und Bindung: Books on Demand GmbH, Norderstedt Germany
ISBN: 978-3-640-99655-1

Dieses Buch bei GRIN:

http://www.grin.com/de/e-book/177775/social-commerce-das-geschaeft-mit-der-
freundschaft

Hochschule RheinMain

Fachbereich Design Informatik Medien

Master-Studiengang Media & Design Management

Masterthesis

zur Erlangung des akademischen Grades

Master of Arts – M.A.

Social Commerce – Das Geschäft mit der Freundschaft

Steuerungsprozesse des Kaufverhaltens in sozialen Netzwerken am Beispiel „Sellaround.net"

Bearbeitungszeitraum: 01.04.2011 - 30.06.2011

Vorgelegt von:

Tanja Weizemann

Wiesbaden, 30. Juni 2011

Abstract

Durch die schnelle und stetige Entwicklung im Internet ergeben sich für Unternehmen und ihre Marken stets neue Möglichkeiten, Markenkommunikation, Marketing und Commerce zu betreiben. In den letzten Jahren stieg insbesondere die Bedeutung der sozialen Netzwerke sowohl bei Konsumenten als auch bei Unternehmen enorm an. Durch Facebook & Co. entstanden neue Plattformen, die vor allem der direkten Kommunikation mit den Konsumenten dienen. Der Begriff Social Commerce wurde ins Leben gerufen. Verstanden wird hierunter, die Kaufkraft mit Hilfe von Empfehlungen zu verstärken. Doch heute bieten die sozialen Netzwerke weitere Möglichkeiten, Social Commerce auch wortwörtlich umzusetzen und Social Media für den direkten Verkauf zu nutzen. Es zeigt sich ein zukunftsorientiertes Denken der Unternehmen und das Nutzen von Freundschaften und Verbindungen in sozialen Netzwerken zur Bildung neuer Distributionskanäle.

Die vorliegende Arbeit beschäftigt sich daher mit dem Thema Social Commerce und gibt durch zwei durchgeführte Umfragen Aufschluss über die aktuellen Gegebenheiten und Meinungen zu diesem Bereich. Zunächst werden der Wandel und die Veränderungen des Verhaltens der Konsumenten und die darauf entstehenden Herausforderungen für Unternehmen diskutiert. Des Weiteren wird dargestellt, wie sich das Kaufverhalten unter den neuen sozialen Medien verändert hat und welche Beeinflussung dadurch auf das E-Commerce ausgeübt wird. Folglich wird nochmals explizit auf das Thema Social Commerce und die daraus resultierte F-Commerce Revolution durch das soziale Netzwerk Facebook eingegangen. Anhand zwei Umfragen unter den zukünftigen Social Shoppern und den Unternehmen, die Social Commerce für sich nutzen, soll dargestellt werden, ob die aus der Theorie gewonnenen Erkenntnisse stimmig sind und welche Chancen und Risiken sowie Handlungstendenzen zu erkennen sind.

Stichworte: E-Commerce, Markenkommunikation, Web 2.0, Social Media, Konsumentenverhalten, Word-of-Mouth, Produktbewertung, Social Commerce, F-Commerce, Facebook, Anforderung

Inhaltsverzeichnis

Abbildungsverzeichnis

Tabellenverzeichnis

Abkürzungsverzeichnis

Abb.	Abbildung
ADC	Art Directors Club
AG	Aktiengesellschaft
AOL	America OnLine
ARD	Arbeitsgemeinschaften der öffentlich-rechtlichen Rundfunkanstalten der Bundesrepublik Deutschland
Aufl.	Auflage
Bd.	Band
BITKOM	Bundesverband Informationswirtschaft, Telekommunikation und neue Medien e.V.
BMW	Bayerische Motoren Werke
bzw.	beziehungsweise
ca.	circa
Co. KG	Compagnie Kommanditgesellschaft
Co.	Compagnie
CRM	Customer Relationship Management
d. h.	das heißt
Ders.	Derselbe
Dies.	Dieselbe
Dr.	Doktor
Dt.	Deutsch
e.V.	eingetragener Verein
ebd.	ebenda
E-Branding	Electronic Branding
E-Business	Electronic Business
E-Commerce	Electronic Commerce
EIAA	European Interactive Advertising Association
E-Learning	Electronic Learning
Engl.	Englisch/Englischen
E-Shop	Electronic Shop
et al.	et alii, et aliae, et alia
etc.	et cetera
f./ff.	folgende/fortfolgende
F-Commerce	Facebook Commerce
Ges.m.b.H.	Gesellschaft mit beschränkter Haftung
GmbH	Gesellschaft mit beschränkter Haftung
Hrsg.	Herausgeber
IBM	International Business Machines Corp.
I-Commerce	Interactive Commerce

Lat.	Latein/Lateinischen
Ltd.	Limited
Mio.	Millionen
Nr.	Nummer
o.J.	ohne Jahr
o.S.	ohne Seite
o.V.	ohne Verfasser
PC	Personal Computer
ROI	Return on Investment
S.	Seite
SEO	Search Engine Optimization
Tab.	Tabelle
u.	und
UGC	User Generated Content
US	United States
USA	United States of America
usw.	und so weiter
Vgl.	Vergleiche
vs.	Versus
VZ	Verzeichnis
WWW	World Wide Web
z. B.	zum Beispiel
ZDF	Zweites Deutsches Fernsehen
Zit.	zitiert
zw.	zwischen

1. Einführung

„Das Internet wurde vielfach als ein Medium der Befreiung empfunden, das Menschen an den entlegensten Flecken der Erde soziale Teilhabe ermöglicht."[1] Durch das Web 2.0 und Social Media erlebt insbesondere der Online-Handel wesentliche Veränderungen. Das Online-Shopping erfährt eine Emotionalisierung. Die digitale Vernetzung in sozialen Netzwerken gibt dem Konsumenten von heute mehr von dem, was er immer schon gewollt hat: mehr Spaß und mehr Macht. Dies stellt eine Kombination dar, die das klassische Marketing und die Unternehmen von heute vor neuen Herausforderungen stellen. Insbesondere unterschätzen viele noch die Sprengkraft von Social Media.[2]

1.1 Das Unternehmen Sellaround GmbH

Ursprünglich wurde Sellaround im Jahr 2010 unter dem Dach des Unternehmens Maria GmbH gegründet. Die Maria GmbH entstand im Jahr 2008 und wirbt damit, innovative Ideen am Markt einfacher, praktischer und schöner zu machen, also ‚simplemarketing', ‚simplelearning' und ‚simplecommerce'. Dieses Unternehmen agiert in verschiedenen Bereichen wie Online-Marketing, Interactive Media, E-Learning und Webdesign.

Seit dem Jahr 2011 stellt Sellaround eine eigene Instanz dar. Ihren Sitz hat das Unternehmen in Stuttgart. Sellaround.net ist die erste Social Commerce Plattform für den Ver- und Wiederkauf im Social Web. Man bietet damit die Möglichkeit, Social Media mit dem klassischen E-Commerce zu verbinden, im Internet Produkte zu kaufen und jeden zu einem Verkäufer zu machen.

1.2 Aufgabenstellung und Hypothesenbildung

Aufgrund der gegebenen Veränderungen, die durch Social Media im E-Commerce entstehen, steht die Frage im Raum, wie sehr soziale Netzwerke Einfluss auf die Konsumenten und damit auf den Handel ausüben. Daher befasst sich diese Masterthesis mit der Thematik des Social Commerce, das veränderte Verhalten der Kunden und die daraus resultierenden Herausforderungen für Unternehmen und deren Markenkommunikation. Die Aufgabenstellung besteht darin, zum einen theoretisch die Themen Social Commerce, verändertes Konsumverhalten und Unternehmenseinflüsse zu beleuchten und zum anderen praktisch anhand des sozialen Netzwerkes Facebook und zwei Online-Umfragen unter den künftigen Social Shoppern und den Unternehmen die Einflüsse von Social Commerce herauszuarbeiten.

Der Schwerpunkt dieser Arbeit liegt insbesondere darin, das veränderte Verhalten der Konsumenten und die Veränderungen für Unternehmen sichtbar zu machen. Darauf aufbauend wird eine mögliche Handlungstendenz bezüglich der Chancen von Social Commerce gegeben. Diese eröffnet dem Unternehmen Sellaround eine aktuelle und künftige Orientierung und zeigt, inwieweit sich Social Commerce als Erfolgskonzept entwickeln kann.

---

[1] Adamek 2011, S. 16.
[2] Vgl. Schwieger 2010, S. 295.

In dieser Masterthesis werden folglich drei Hypothesen untersucht, die sich den Fragen nähern sollen, ob eine Veränderung für Unternehmen durch das Web 2.0 stattgefunden hat, welchen Stellenwert Empfehlungen und Bewertungen bei Konsumenten haben, inwieweit Kommunikation heute entscheidend für die Käufer ist und zuletzt, ob man Social Commerce wirklich als einen Abverkauf in sozialen Netzwerken verstehen und der Absatz erhöht und die Reputation und Kundenbindung gestärkt werden kann. Daraus ergeben sich letztendlich drei entscheidende Hypothesen:

H1:   *Das Selbstverständnis von Marken ist heute ein anderes als vor 10 Jahren.*

H2:   *Persönliche Empfehlungen und Bewertungen von Nutzern und die Möglichkeit der*
       Interaktion sind für Online-Shop Nutzer heute unverzichtbar.

H3:   *Social Commerce ermöglicht eine signifikante Absatzerhöhung und verstärkt die*
       Reputation und Kundenbindung.

1.3 Motivation

Social Media ist in unser aller Leben spürbar. Noch nie waren wir global so sehr vernetzt wie im Moment. Persönliche Kontakte scheinen keinen Stellenwert mehr zu besitzen. Vielmehr plaudern wir über StudiVZ, aktualisieren unseren Status bei Facebook, versenden einen Link via Twitter und geben unsere Meinung über Produktbewertungsseiten ab. Das stöbern in Modegeschäfte, das Schlendern durch die Einkaufspassage und das Anprobieren in Umkleidekabinen scheint Vergangenheit zu sein. Der Konsum findet online statt. Man bestellt Kleidung, sucht sich eine neue Kamera aus, durchstöbert eBay nach Preisen und postet Produkte im sozialen Netzwerk. Das Leben wird einfacher, die Kommunikation virtueller, das Einkaufen informierter und die Empfehlung anonymer. Die neuen Technologien und Entwicklungen in den sozialen Medien unterstützen diesen Trend. Durch Smartphones sind wir immer und überall online erreichbar. Informationen können leicht bezogen und Wissen kann geteilt werden. Und hier entstehen die Herausforderungen für Unternehmen. Wer schaut sich noch die Werbung im Fernsehen an, wer betrachtet noch das Plakat am Straßenrand oder blättert nicht weiter im Modemagazin, wenn mal wieder eine von tausend Werbeanzeigen eines neuen Parfüms erscheint. Die Menschen sind mit klassischem Marketing kaum mehr zu überzeugen. Vielmehr übernehmen die Konsumenten selbst die Werbung.

Erst in meinem Bachelorstudium 2006 habe ich mich wirklich mit sozialen Netzwerken beschäftigt. In den letzten 5 Jahren hat sich die Welt des Social Web so schnell entwickelt, dass man nahezu den Überblick über die neuen Technologien und Innovationen verliert. Viele Unternehmen haben das Potenzial sozialer Netzwerke erkannt und ihre Angst, die Kontrolle zu verlieren, abgelegt. Insbesondere Facebook beherrscht die Werbe- und Kundenwelt. Dabei stellt sich die Frage, welche Potenziale in sozialen Netzwerken für Unternehmen stecken. Insbesondere Social Commerce, der Verkauf über soziale Medien, scheint in diesem Zusammenhang noch nahezu unerforscht. Durch Sellaround eröffnete sich für mich die Chance, zum einen die Geschäftsidee dahinter näher kennenzulernen und zum anderen teilweise auf meine bereits erworbenen Kenntnisse in meiner Bachelorthesis aufzubauen. Meine Motivation bestand insbesondere darin, die mir noch unbekannte Thematik rund um Social Commerce anzueignen, neue Erkenntnisse zu gewinnen und einen Mehrwert für das Unternehmen Sellaround zu bieten. Mit dieser Arbeit möchte ich einen Beitrag zu den aktuellen Untersuchungen und Diskussionen sowie zu den kritischen Stimmen zum Thema Social Commerce und Facebook leisten.

1.4 Aufbau der Arbeit

Diese Masterthesis gliedert sich in zwei Hauptteile. Die bereits vorgestellten Hypothesen stellen die Basis der Untersuchung in den verschiedenen Kapiteln dar. Die Hypothese *H1* bezieht sich hierbei besonders auf die generelle Beschreibung des veränderten Verhaltens der Menschen aufgrund des Web 2.0 und Social Media und die daraus resultierenden Veränderungen für Unternehmen und Marken. Die Hypothese *H2* hingegen geht spezifischer auf die Thematik Social Commerce ein. Inhalt dieses Teils ist das Kaufverhalten der Konsumenten heute und in welcher Hinsicht dieses aufgrund der Web 2.0 und Social Media beeinflusst wird. Auch liegt das Augenmerkmal auf die Beeinflussung des E-Commerce durch diesen Wandel. Die Hypothese *H3* geht letztendlich intensiv auf Social Commerce ein und zeigt die daraus entstehenden Veränderungen sowie Herausforderungen für Unternehmen. Inhalte sind hier die mögliche Absatzerhöhung und die Verstärkung von Reputation und Kundenbindung. Die theoretisch gewonnenen Erkenntnisse sollen anhand zweier Online-Umfragen praktisch untersucht werden. Zum einen wird eine Befragung unter zukünftigen Social Shoppern und zum anderen unter den Sellaround-Nutzer durchgeführt. Dies soll zeigen, ob der in der Literatur diskutierte Stand zu Social Commerce kongruent mit der Praxis zu sehen ist. Außerdem wird das Beispiel Facebook herangezogen, um die aktuellen Gegebenheiten im Bereich E-Commerce und Social Media zu präsentieren.

1.5 Zielsetzung

Zum einen ist es wichtig, die Basis und die Begrifflichkeiten zum Thema Social Commerce zu klären. Man thematisiert hier besonders die verschiedenen Arten, sozial zu interagieren und zu kommunizieren. Zum anderen ist es entscheidend zu sehen, was soziale Netzwerke für Unternehmen und das E-Business bedeuten. Letztendlich sollen das Thema F-Commerce und die Ergebnisse der Befragungen sowie deren Vergleich zeigen, welche Tendenzen, Chancen, Anforderungen und Zukunftsaussichten erkennbar sind.

2. Der Wandel durch das Web 2.0

Dieses einführende Kapitel beschäftigt sich mit den Veränderungen, die das Web 2.0 mit sich führen. Hierbei geht es auf der einen Seite um die Veränderungen für Anbieter im Bezug auf ihre Konsumenten, auf der anderen Seite um die persönlichen Veränderungen potenzieller Kunden. Ausschlaggebend ist hier, dass dem Kunden immer mehr Macht zugesprochen wird und die Unternehmen sich entsprechend darauf einstellen müssen. Der Rahmen bildet die Hypothese *H1*, welche in diesem und im darauffolgenden Kapitel untersucht werden soll:

H1:   Das Selbstverständnis von Marken ist heute ein anderes als vor 10 Jahren.

2.1   Der Anfang des Machtwechsels

> „Das Internet bietet schon jetzt die einzig wahre Demokratie. Meinungen werden frei formu-
> liert, keiner, der die Kommunikation verbietet – im Gegenteil: Wir sind mitten im Aufstand
> des Individuums. Der Kunde der heutigen Zeit will individuell betreut werden. Er will, dass
> seine Stimme zählt. Und er wird seine Macht, die er ohne Zweifel schon längst nutzt, zu sei-
> nem persönlichen Vorteil wenden. Es ist der Drang zu überleben."[3]

Ursprünglich gab es ein erdrückendes Übergewicht auf Anbieterseite. Die Konsumenten konnten sich bislang nicht dagegen wehren, da ihnen Marktübersicht und Marktpotenzial fehlte. Allerdings, so *Cole*, hatte der Kunde nur ein Kommunikationsproblem. Denn auf der einen Seite müsste dieser nur schnell und möglichst viele Angebote prüfen, um sich eine Marktübersicht zu verschaffen. Und auf der anderen Seite müsste der Konsument nur genügend andere Konsumenten ansprechen, um parallel bei einem Großeinkauf an Kostenvorteile zu gelangen. Bisher war ihm dies nicht möglich. Doch durch das Internet kann der Kunde sich mit nur einem Mausklick so viel Marktübersicht verschaffen, wie er möchte. Das Marktpotenzial kann deutlich verstärkt werden, da das Web 2.0 die idealen Voraussetzungen schafft, um sich global mit anderen Kunden zusammenzuschließen. Eine große kritische Masse kann so die Anbieter gegeneinander ausspielen und dadurch einen möglichst niedrigen Preis erzielen. Der Kunde kann sich gezielt dorthin begeben, wo er das Gesuchte zum bestmöglichen Preis angeboten bekommt, ohne sich von den Verlockungen anderer Anbieter ablenken zu lassen.[4] „Im drohenden Krieg zwischen Anbietern und Abnehmern haben die Konsumenten in einer elektronischen Wirtschaft [...] eindeutig die stärkere Bataillone."[5]

2.2   Verhaltensänderung durch das Web 2.0

Der von Tim O'Reilly geprägte Begriff Web 2.0 wurde ursprünglich rein seiner technischer Charakterisierung zugeordnet. Gemeint wurden damit die Internettechniken und -dienste, die die desktopähnlichen Internetanwendungen unterstützten. Vielmehr spielt heute aber die Interakti-

---

3   Geffroy 2001a, S. 13.
4   Vgl. Cole 2000, S. 13ff.
5   Ebd., S. 43.

on der Internetnutzer eine zentrale Rolle.[6] Zu Beginn des Internets sahen Unternehmen ihre Chance, Kosten für die Interaktion mit den Kunden deutlich zu reduzieren. Im anfänglichen Rausch, so *Shuen*, war jeder ein potenzieller Kunde und es gab nur eine Möglichkeit, die Kunden auf die neuen Märkte zu bringen, nämlich durch Werbung.[7] Allerdings zeigt sich heute, besonders durch die Informations- und Werbeüberflutung, eine deutliche Verhaltensänderung, die bei den Konsumenten ausgelöst wurde. Aufgrund dieser Überflutung nutzen die Menschen vermehrt Medien, die es ihnen ermöglichen, die Informationssituation zu steuern. Die Menschen wandern folglich in wachsendem Maße in Richtung des Pull-Mediums Internet, um den werbegetriebenen Push-Medien wie Fernsehen oder Print zu entkommen.[8]

Auch im persönlichen Verhalten der Verbraucher bewirkt der Umgang mit dem interaktiven Medium durchweg Veränderungen. Der Kunde zeigt mittlerweile ein Selbstbewusstsein, mit dem man als Unternehmen erst einmal zurechtkommen muss. Infolge der Nutzung des Internets, so veranschaulicht eine Studie von AOL und Bertelsmann, zeigt sich eine deutlich höhere Selbstsicherheit als bei den Menschen, die eher offline tätig sind. Zurückhaltung wird abgelehnt. Unterstützt wird diese Verhaltensänderung insbesondere durch die weitgehende Anonymität im Netz und dem leichten Zugang zu den Verantwortlichen der Unternehmen. Im Internet fällt die Kontaktaufnahme deutlich leichter, als an der Kasse oder vor dem Schalter.[9] Vor allem aber wird das Selbstbewusstsein der Konsumenten gestärkt, indem sie das, was sie wirklich interessiert, selbst produzieren, konsumieren und auch verbreiten können.[10]

Die Frage also lautet: „Was suchen die Menschen im Internet? Sie suchen Individualität und damit auch Menschlichkeit."[11] Der Wunsch nach Individualität fordert von den Unternehmen stärker denn je, „Produkte anzubieten, die für jedes Individuum genau richtig sind."[12] Es treten die Bedürfnisse nach individueller Erfüllung in den Mittelpunkt und entwickeln sich immer mehr zu einem gesellschaftlichen Trend. Werte wie Freiheit und Selbstverwirklichung sind ausschlaggebende Interessen der Gesellschaft. Die Menschen leben ihre Individualität vermehrt im Internet aus, indem sie ihrer Persönlichkeit in Form von selbstkreierten Videos oder Texten Ausdruck verleihen.[13]

2.3   Die Entscheidungskraft der Konsumenten

Bisher hatten die Anbieter die Oberhand über ihre Beziehungen zu Kunden. Dies lag vor allem an der Informationshoheit der Unternehmen, deren Zugang die individuelle Verhandlungsmacht gestärkt hatte. Die Informationen wurden genutzt, um die attraktivsten Käufer von den Produkten und Dienstleistungen zu überzeugen. Allerdings dreht das Web 2.0 den Spieß um. Die Kun-

---

[6]   Vgl. Bächle 2010, S. 108.
[7]   Vgl. Shuen 200, S. 55f.
[8]   Vgl. Gruber 2008, S. 23.
[9]   Vgl. Cole 2001, S. 73.
[10]   Vgl. Schmidt 2008, S. 19.
[11]   Geffroy 2001a, S. 13.
[12]   Gruber 2008, S. 24.
[13]   Vgl. ebd.

den erzeugen heute die Märkte, in denen sie über zunehmend mehr Informationen verfügen und somit einen Vorteil gegenüber den bisherigen Anbietern haben. Dadurch geht die Macht an die Konsumenten über.[14]

Diese Informationsmacht der Konsumenten wird allerdings noch gesteigert. Durch eigene Erfahrungen mit Produkten und Dienstleistungen verfügen sie über mehr Informationen, als das Unternehmen je haben wird, nämlich die eigenen Erkenntnisse. Die Machtverschiebung zeigt sich, indem „Wissensmacht Geldmacht schlägt."[15] Laut *Geffroy* gibt es zwei wesentliche Trends im Web: Auf der einen Seite erleichtern intelligente und virtuelle Agenten das Leben der Konsumenten erheblich, indem sie sie mit individuellen und gewünschten Daten versorgen. Auf der anderen Seite entstehen Wissensplattformen, die dem Kunden die Möglichkeit der Wissenserweiterung bieten.[16] Die Konsumenten werden zu Produzenten und das so genannte Mitmach-Netz ist geboren.[17] Im Mittelpunkt des Web 2.0 stehen folglich die Nutzer. Der wesentliche Sinn des Internets ist somit die Partizipation. Partizipation kann in unterschiedlicher Weise auftreten, mal die reine Kommentierung oder Bewertung, aber auch mal ausschließlich nutzergeneriert wie die Online-Enzyklopädie ‚Wikipedia'.[18] Entscheidend ist letztendlich, dass die von Nutzern erzeugten Inhalte, also User Generated Content, das wichtigste Merkmal ist. Somit entstehen immer mehr interaktive Plattformen, die Kommunikation und Interaktion ermöglichen.[19] Das Internet bietet den Konsumenten die Gelegenheit, „genau das zu bekommen, was sie wollen, wann immer sie es wollen und sooft sie es wollen."[20] Und es versetzt die Kunden in eine Stellung, von der aus sie ohne Weiteres ihren eigenen Wert als potentielle Käufer kontrollieren können.[21]

2.4 Empfehlungen als Macht des Web 2.0

Musste man früher kilometerweit reisen, so fördert das Internet eine Bequemlichkeit, mit Gleichgesinnten in Kontakt zu treten. Heute trifft man sich einfach online.[22] „Klassische Medien verlieren immer stärker die Rolle als glaubwürdige Medien, hier dominieren vor allem Empfehlungen von FreundInnen und das Internet."[23] Die elektronische Kommunikation ermöglicht den Menschen, zusammenzuarbeiten, sich zu finden und Gruppen mit gleichen Zielen und Interessen zu bilden.[24] Die Informationsdefizite sind der Grund, warum Empfehlungen vor dem Kauf auf Seiten eines potentiellen Käufers mehr ins Gewicht fallen. Bei den meisten Produkten handelt es sich um Erfahrungsgüter. Das heißt, man kauft zunächst ein Produkt, probiert es aus und kann letztendlich sagen, ob es die Erwartung erfüllt hat oder nicht. Allerdings herrscht bei jedem Kauf

---

14   Vgl. Hagel 1997, S. 31f.
15   Geffroy 2001b, S. 64.
16   Vgl. Geffroy 2001a, S. 13.
17   Vgl. Schmidt 2008, S. 18.
18   Vgl. Münker 2010, S. 31.
19   Vgl. Schmidt 2008, S. 19.
20   Mielau 2010, S. 108.
21   Vgl. Hagel 1997, S. 22.
22   Vgl. Huber 2010, S. 29.
23   Gruber 2008, S. 23.
24   Vgl. Shuen 2008, S. 55.

ein gewisses Risiko, da man möglicherweise einen höheren Preis bezahlt, der überhaupt nicht vergleichbar zum generierten Nutzen ist. Zur Risikominimierung benötigt man also die entsprechende Beratung und Information. Konsumenten wissen aber auch, dass manche Beratungen nicht glaubwürdig sind. „Wenn man [...] den Frisör fragt, ob er der Meinung sei, dass die Haare geschnitten werden sollten, ist jedem klar, dass die Antwort hochprozentig Ja heißen wird – unabhängig davon, ob es tatsächlich so ist oder nicht."[25] Und genau hier setzt die Macht des Web 2.0 an. Dieses wirkt für Konsumenten als Empfehlungstool deutlich glaubwürdiger und überzeugender, als die Beratung auf Anbieterseite, da andere Konsumenten in der gleichen Situation sind oder waren. Zwar vertraut man Freunden oder Bekannten wesentlich mehr als anonymen Kunden, aber immer noch mehr als den eigentlichen Verkäufern, welche ein Eigeninteresse verfolgen.[26] Eine Umfrage von *Li*, die Ende des Jahres 2006 unter Onlineverbrauchern durchgeführt wurde, zeigt, dass 83 Prozent den Empfehlungen von Freunden und Bekannten und mehr als 50 Prozent anonymen Onlinebesprechungen vertrauen.[27]

Besonders durch die Anonymität im Netz ist der Kunde mehr bereit, seinem Unmut freien Lauf zu lassen und sich möglicherweise auch gezielt zu beschweren.[28] „Im Internet und dank des Web 2.0 haben Menschen, die sich hinters Licht geführt fühlen, wesentlich weitreichendere Möglichkeiten, ihrem Ärger Luft zu machen und ihre Erfahrungen mit anderen Menschen zu teilen."[29] Das Internet hat somit dazu geführt, dass Verbraucher bei erlittenem Unrecht Entschädigungen verlangen. Mit ihrer Unzufriedenheit über Produkte können sie hausieren gehen, wie es ihnen beliebt. Da über schlechte Publicity bekanntlich am meisten gesprochen wird, wird auch diese eher weiter verbreitet.[30] Die Entwicklungen entlang des Schlagwortes Web 2.0 hat gezeigt, dass eine steigende Bedeutung gegenüber dem Internet als sozialer Raum stattfindet und somit auch als Katalysator für Mundpropaganda und Empfehlungen dient.[31] Heute muss man sich bewusst machen, „wie viel Macht bereits vom Kunden im Internet ausgeht. Ganze Firmen werden von den Kunden in den Ruin gestürzt."[32] Aus diesen Gründen werden die Regeln für die Markenwelt neu definiert. Die handelnden Akteure sind nicht mehr nur die Marketing-Entscheider, sondern auch die Endkunden.[33] „Jeder kann mitmachen, und die Organisation verliert die Kontrolle über die Marke."[34] Somit ergeben sich für Unternehmen und Marken neue Herausforderungen.

---

[25]   Schmidt 2008, S. 76.
[26]   Vgl. ebd., S. 76ff.
[27]   Vgl. Li 2009, S. 114.
[28]   Vgl. Cole 2001, S. 74.
[29]   Holzapfel 2010, S. 31.
[30]   Vgl. Weinberg 2010, S. 17.
[31]   Vgl. Wenzel 2009, S. 79.
[32]   Geffroy 2001b, S. 63.
[33]   Vgl. Mielau 2010, S. 108.
[34]   Stuber 2010, S. 44.

2.5 Herausforderungen für Unternehmen und Marken

„Wie bereits schon Charles Darwin sagte: ‚Nicht der Stärkste oder Intelligenteste wird sich durchsetzen, sondern derjenige, der sich am besten an Veränderungen anpasst.'"[35] In diesem Fall bringt das Internet die Veränderung mit sich. Unternehmen fühlen dies besonders im Verlust der Kontrolle und im ungezwungenen Meinungsaustausch zwischen den Menschen. Wie in den vorangegangenen Kapiteln bereits deutlich wurde, bietet das Internet die ideale Grundlage zur Individualisierung jedes Einzelnen. Unternehmen müssen folglich lernen, aber auch verstehen, dass sie die Menschen als ihr Kerngeschäft definieren müssen.[36] Eine Herausforderung für Unternehmen liegt darin zu begreifen, dass die Kunden und ihre Bedürfnisse im Vordergrund stehen sollten. Somit hat das Web 2.0 einen Wandel weg von den Anpreisungen des Unternehmens hin zu den Interessen der Kunden regelrecht provoziert.

„Unternehmen sprechen in der Regel sehr viel über sich selbst. Was für ein tolles Produkt sie haben. Wie gut ihr Kundenservice ist. Und so weiter."[37] Vergleichen könnte man dies mit Männern. Wenn sie zu viel von sich selbst reden, kommen sie nicht gut an. Im Web 2.0-Zeitalter sollten Unternehmen folglich nicht ständig über sich selbst reden, sondern die Interessen der Kunden in den Mittelpunkt stellen, so *Holzapfel*, denn „Interesse steuert Wahrnehmung."[38] Zusätzlich komme hinzu, dass Werbung mittlerweile kaum mehr Wirkung auf die Konsumenten zeigt. Ihre Informationen über Unternehmen, Produkte und Marken beziehen sie aus dem Web 2.0. Unternehmen sind es allerdings gewohnt, in der Werbung nur zu senden, aber nicht zuzuhören. Dies muss unter den heutigen Bedingungen erst einmal erlernt werden.[39]

Als Vorteil ist für Unternehmen zu sehen, dass in den Untiefen der vernetzen Welt auch der Wert einer Marke klar sichtbar wird. Das Internet mutiert zum Massenmedium, wenn man die Anzahl an Teilnehmern betrachtet, und der Erstkontakt mit Kunden findet auch verstärkt über das Internet statt. Das Überangebot allerdings macht es den Kunden schwer, die richtigen Produkte und Dienstleistungen zu finden. Eine Marke dient hier als Navigationshilfe und die Macht des Markennamens ist heute wohl größer als jemals zuvor, da sich Millionen von User täglich durch den Datendschungel kämpfen, um an gewünschte Informationen zu gelangen. Eine Marke stellt bei dieser Suche einen vertrauten Orientierungspunkt dar. Allerdings werden in diesem neuen Zeitalter auch die Anforderungen an die Marken größer. Entscheidend sind hier Eigenschaften wie Glaubwürdigkeit, Angebotsvielfalt, Marktübersicht und Informationstiefe. Außerdem ist es unpassend, sich dem Kunden wie in der klassischen Werbung aufzudrängen. Es geht darum, sich von ihm finden zu lassen, die Wünsche und Bedürfnisse vorausahnend zu befriedigen und ihm ein umfassendes Serviceangebot zu liefern.[40] Dabei zeigen sich für Unternehmen heute zwei bedeutende Faktoren im Bezug auf die Beziehung mit ihren Konsumenten. Zum einen ist es durch die Informationsüberflutung wichtig, die Aufmerksamkeit dieser zu erlangen,

---

[35] Geffroy 2001a, S. 13.
[36] Vgl. Geffroy 2001b, S. 59ff.
[37] Holzapfel 2010, S. 29.
[38] Ebd.
[39] Vgl. ebd.
[40] Vgl. Cole 2001, S. 76f.

und zum anderen das Vertrauen zu gewinnen. Dies ist aber leichter gesagt, als getan. Um Aufmerksamkeit zu gewinnen, bedeutet dies, dass Unternehmen nicht nur mit anderen Unternehmen in den Ring steigen müssen, sondern mittlerweile auch mit Privatpersonen. Denn das Internet bietet jedem die Möglichkeit, ihre privaten Angebote ins Netz zu stellen. Somit entsteht ein ständiger Konkurrenzkampf. Hinzu kommt, dass die Anzahl an Konkurrenten deutlich zunimmt, da das Internet den globalen Wettbewerb fördert und neue Vertriebswege entstehen. Um Vertrauen zu gewinnen, ist das Internet ein sehr ungeeignetes Medium. Es besteht häufig eine hohe Unsicherheit auf Seiten der Konsumenten, zum Beispiel aufgrund von Kontrollen und Datensammlungen oder hier auch das Thema ‚Der gläserne Mensch' zu nennen.[41] Der Konsument verliert das Vertrauen in institutionalisierte Informationsquellen. Aus diesem Grund sucht er selbst den Hebel zur Kommunikation. Der Diskurs über Marken wird neu definiert. Die Markenhoheit obliegt nicht mehr nur den Unternehmen, sondern verschiebt sich langsam in Richtung der Konsumenten. Unternehmen sollten sich in diesem Fall nicht zurückziehen – ganz im Gegenteil. Sie sollten daraus einen Nutzen ziehen.[42]

Besonders die Interaktion mit anderen, aber auch mit Unternehmen scheint für die Konsumenten an Bedeutung gewonnen zu haben. Dieser Zuwachs allerdings bedeutet auch einen Machtverlust für Unternehmen. Insbesondere sobald negative Berichte oder Nachrichten verbreitet werden, stehen Unternehmen häufig einer gewissen Hilflosigkeit gegenüber. Man ist heute nicht in der Lage, in den Prozess einzugreifen, ihn zu beeinflussen oder gar zu verhindern.[43] Allerdings können Unternehmen, die diese Entwicklung nachvollziehen können, einen erforderlichen Perspektivenwechsel einleiten. Es geht darum, einen Monolog, wie er früher von der Werbung ausging, in einen Dialog umzuwandeln. Durch die Veränderungen des Kommunikationsverhaltens ist der Dialog mit den Konsumenten unerlässlich geworden.[44] „Sie können die Diskussion [dadurch zwar] nicht kontrollieren. Sie haben aber immer die Möglichkeit, durch Ihr Handeln einen Eindruck zu hinterlassen und die öffentliche Meinung zu beeinflussen – tue Gutes und sprich (ein bisschen) darüber!"[45] Der schwierigste Teil der Kommunikation allerdings ist, dass die Botschaft nicht vergessen wird. Man will in den Köpfen der Menschen bleiben und Wirkung erzielen.[46] Im Zeitalter des Web 2.0 sollte die unternehmerische Markenkommunikation offen gegenüber den Konsumenten sein und sie in die Markenbildung integrieren. Vor allem soziale Netzwerke bieten hierfür eine ganz besondere Plattform, um dem Austausch und der Kommunikation zwischen Unternehmen und Verbrauchern nachzugehen.[47]

---

[41]   Vgl. Hummel 2005, S. 20ff.
[42]   Vgl. Baumgartner 2007, S. 11.
[43]   Vgl. Hummel 2005, S. 18f.
[44]   Vgl. Seyer 2010, S. 4.
[45]   Stuber 2010, S. 45.
[46]   Vgl. Gladwell 2000, S. 34.
[47]   Vgl. Seyer 2010, S. 5.

3. Wie Social Media das Verhalten der Kunden beeinflusst

Die heutigen Technologien geben den Menschen die Möglichkeit, ihre Meinungen online frei zu äußern, sei es im Bezug auf Hobbys und Leidenschaften[48] oder über Produkte, Unternehmen und Marken. Folglich spaltet die neue Generation der sozialen Netzwerke die Gesellschaft, auf der einen Seite die Internetnutzer und auf der anderen Seite die Unternehmen.[49] Aus diesem Grund beschäftigt man sich in diesem Kapitel mit dem Erfolg der sozialen Netzwerke sowie die Einflüsse auf unser eigenes Leben und auf Unternehmen und deren Marken.

3.1 Begriffserklärung und Abgrenzung

Ein Teilbereich des Web 2.0 stellt das Social Web oder auch Social Media dar. Hierbei stehen nicht neue Formate oder Programmierarchitekturen im Mittelpunkt, sondern die Unterstützung sozialer Strukturen und Interaktionen über das Internet.[50] Social Media schildert also die Demokratisierung und Sozialisierung von Informationen und die Entwicklung von dialogfähigen interaktiven Medien.[51] Explizit werden unter dem Begriff Social Media Plattformen beschrieben, auf denen Menschen online Ideen, Inhalte und Gedanken austauschen, aber auch Beziehungen herstellen können. Diese können in Form von Text, Audio, Video, Bildern und Communities, also Gemeinschaften jeglicher Art, auftreten. *Meerman Scott* vergleicht dies als Metapher mit einer Stadt. Somit sagt er, dass Social Media wie Orte zu verstehen seien, an denen sich Menschen treffen, um zusammen Spaß zu haben. Eine Untermenge von Social Media ist Social Networking, oder auch soziale Netzwerke genannt, und beschreibt die Interaktion der Menschen auf expliziten Plattformen wie Facebook, Twitter, StudiVZ, XING oder ähnliche Seiten.[52] Das heißt, soziale Netzwerke sind Onlinepräsenzen, die insbesondere den Aufbau und die Pflege von Beziehungen unterstützen und die Kommunikation mit anderen erleichtern.[53] Greift man hier wiederum die Metapher von *Meerman Scott* auf, entsprechen die Interaktionsformen im Internet wie Social Networking Seiten den Bars, Privatclubs und Cocktailpartys dieser Stadt.[54] „Die Definitionsversuche von Online Social Networks sind beinahe so vielfältig, wie die individuellen Strukturen personeller sozialer Netzwerke an sich."[55] Grundsätzlich funktionieren sie alle ähnlich: Zunächst legt man ein Profil von sich mit Bild, Personendaten und Interessen an. Danach können Bekannte und Freunde zum eigenen Netzwerk hinzugefügt und deren Aktivitäten beobachtet und kommentiert werden. Darüber hinaus werden Kommunikationstools angeboten, wie Personal Messages oder Chattools.[56] *Schönefeld* unterscheidet hierbei verschiedene Typen von sozialen Netzwerken: Zum einen Netzwerke, die der beruflichen Kontaktanbahnung und -pflege dienen wie XING oder auch

[48]   Vgl. Meerman Scott 2010, S. 89.
[49]   Vgl. Eick 2010, S. 44.
[50]   Vgl. Ebersbach 2008, S. 29.
[51]   Vgl. Gruber 2008, S. 25.
[52]   Vgl. Meerman Scott 2010, S. 90ff.
[53]   Vgl. Hettler 2010, S. 54.
[54]   Vgl. Meerman Scott 2010, S. 91.
[55]   Kneidinger 2010, S. 49.
[56]   Vgl. ebd., S. 51.

LinkedIn. Zum anderen solche, die für private Kontakte genutzt werden und für eine bestimmte Zielgruppe gedacht sind wie StudiVZ oder MySpace. Des Weiteren gibt es Netzwerke, deren Mittelpunkt spezielle Interessen darstellen wie zum Beispiel die Partnerschaftssuche. Bei allen Typen beherrschen der Kontakt und die Interaktion der Mitglieder untereinander die entsprechenden Netzwerke.[57] Auch *Hettler* unterscheidet verschiedene Typen anhand der inhaltlichen Ausrichtung und der Funktionalität der verschiedenen Anbieter. Auf der einen Seite nennt er die Beziehungs- und Kommunikationsnetzwerke, bei denen die Kommunikation und der private Austausch zwischen Menschen, die sich bereits kennen, im Mittelpunkt stehen wie Facebook oder XING. Auf der anderen Seite zählt *Hettler* die Publikationsnetzwerke zu den sozialen Netzwerken. Die Basis dieser Netzwerke sind Publikationen, Verteilungen und auch Diskussionen von und zu Inhalten jeglicher Art. Mittelpunkt ist folglich, Informationen zu beziehen, häufig auch unbekannterweise. So kann man zum Beispiel bei Twitter oder YouTube Teilnehmern folgen und die verbreiteten Inhalte konsumieren, ohne dass dies auf Gegenseitigkeit beruht. Da die Basis dieser Arbeit weitgehend die Kommunikation und Interaktion der Nutzer sozialer Netzwerke ist, werden sich die nachfolgenden Ausführungen explizit auf Beziehungs- und Kommunikationsnetzwerke beziehen.[58]

3.2 Der Erfolg von sozialen Netzwerken

„Für Hunderte Millionen von Menschen sind soziale Online-Netzwerke längst fester Bestandteil des Alltags."[59] Private Communitys boomen weiterhin, laut *ARD/ZDF-Onlinestudie*. Im Jahr 2010 haben bereits 34 Prozent von 1252 Befragten ein eigenes Profil in einem privaten Netzwerk.[60]

Abb. 1: Regelmäßige Nutzung sozialer Netzwerke 2007 - 2010 in %[61]

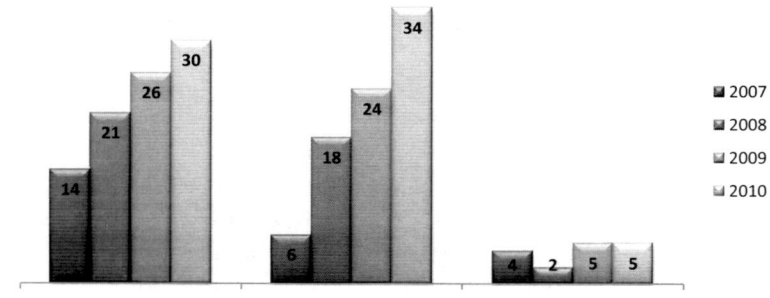

Quelle: In Anlehnung an Busemann 2010, S. 362.

---

[57]   Vgl. Schönefeld 2009, S. 69.
[58]   Vgl. Hettler 2008, S. 54ff.
[59]   Christakis 2010, S. 342.
[60]   Vgl. Busemann 2010, S. 364.
[61]   Basis: Onlinenutzer ab 14 Jahre in Deutschland (2007: n=1142, 2008: n=1186, 2009: n=1212, 2010: n=1252).

Über die Jahre ist eine deutliche Steigerung zu verzeichnen, wie aus Abbildung 1 zu entnehmen ist. „Die steigenden Nutzerzahlen belegen, dass soziale Netzwerke beliebt sind und deren regelmäßige Verwendung sich zu einem Massenphänomen entwickelt."[62]

Generell werden private Netzwerke am häufigsten von der eher jüngeren Zielgruppe besucht und sind daher auch weitaus beliebter als bei den Älteren. 71 Prozent der 14 bis 29 Jährigen nutzen soziale Netzwerke zumindest selten, wobei nur 9 Prozent der ab 60 Jährigen diese nutzen.[63]

Abb. 2: Nutzung sozialer Netzwerke nach Alter[64]

■ 14-19 Jahre　■ 20-29 Jahre　■ 30-39 Jahre　■ 40-49 Jahre　■ 50-59 Jahre　■ ab 60 Jahre

Quelle: In Anlehnung an Busemann 2010, S. 364.

Obgleich soziale Netzwerke hauptsächlich von jungen Menschen genutzt werden, wächst die Zahl der älteren Anwendergruppen immer mehr. Generell geht man davon aus, dass sich soziale Netzwerke mehr und mehr in ein Mainstream-Medium verwandeln, in dem alle Nutzer in Zukunft vermehrt Zeit verbringen werden. Eine Studie von Nielsen weist darauf hin, dass z.B. die Altersgruppe der 35 bis 49 Jährigen bei Facebook das größte Wachstum im Jahresvergleich erfährt. Hinzu kommt, dass soziale Netzwerke die viertbeliebteste Anwendung im Internet mit insgesamt 66,8 Prozent ist.[65]

„Das umwälzend Neue an Social Media besteht darin, dass sie vernetztes, direktes und interaktives Kommunizieren ermöglichen."[66] Und auch *Hettler* betont, dass das primäre Ziel sozialer Netzwerke darin bestehe, Menschen in Form von Gemeinschaften zusammenzubringen und eine direkte Kommunikation zwischen diesen zu ermöglichen.[67] Somit ist es nicht verwunderlich, dass den Nutzern am Wichtigsten die Kontaktpflege mit Freunden und Bekannten ist. An zweiter Stelle befindet sich der Wunsch, den Austausch mit Gleichgesinnten im Bezug auf die Interessen zu pflegen. Aber auch das Finden neuer Freunde oder Bekannte, auf Platz drei der Gründe für die Nutzung sozialer Netzwerke, unterstützt die Kommunikation. Auch die Kontaktpflege für den Beruf ist den Usern immer wichtiger. Unternehmen ziehen ebenso ihren Nutzen daraus, indem sie den Kontakt zu Kunden aufrecht erhalten und neue Kunden gewinnen können.[68]

---

[62]　Hettler 2008, S. 57.
[63]　Vgl. Busemann 2010, S. 364.
[64]　Basis: Onlinenutzer ab 14 Jahre in Deutschland (2010: n=1252)
[65]　Vgl. Hettler 2008, S. 57.
[66]　Karle 2010, S. 34.
[67]　Vgl. Hettler 2008, S. 56.
[68]　Vgl. BITKOM 2010, S. 1.

Abb. 3: Gründe für die Nutzung sozialer Netzwerke[69]

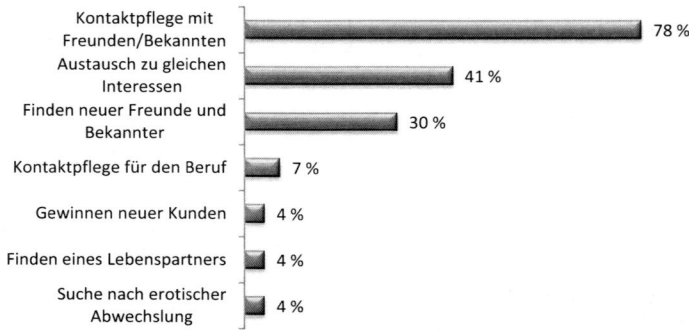

Quelle: In Anlehnung an BITKOM/Forsa 2010, S. 1.

Neben den unterschiedlichen Interessen der einzelnen Nutzer gibt es auch unterschiedliche soziale Netzwerke, die im Web 2.0 angeboten werden, und stetig an Mitgliedern dazugewinnen. Die
meisten Mitglieder hat Facebook, ein soziales Netzwerk, das ursprünglich nur für amerikanische
Studenten gedacht war (siehe Kapitel 6). Weltweit besitzt die Gemeinschaft 600 Millionen Mitglieder.[70]

Abb. 4: Top-10 der beliebtesten Netzwerke in Deutschland[71]

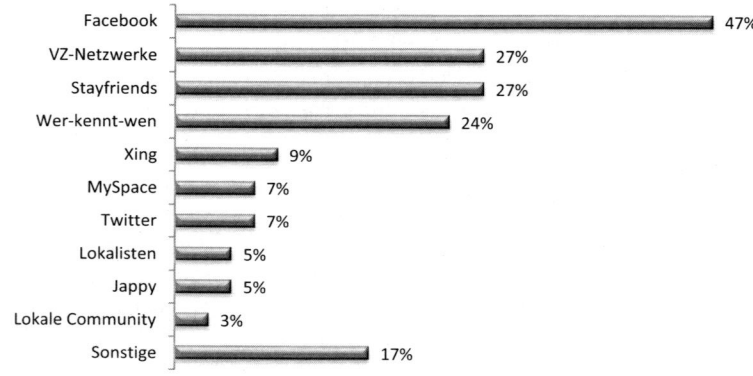

Quelle: In Anlehnung an BITKOM 2011, S. 1.

„Nach *Google* ist *Facebook* die am zweithäufigsten angeklickte Internetadresse weltweit. In den
USA nutzen heute 58,69 Prozent aller Nutzer von sozialen Netzwerken Facebook."[72] In Deutschland nutzen 47 Prozent dieses Netzwerk. Unter den VZ-Netzwerken, die als zweitbeliebtesten

---

[69]   Basis: Onlinenutzer ab 14 Jahre in Deutschland (n=1000)
[70]   Vgl. BITKOM 2011, S. 1.
[71]   Basis: Internetnutzer ab 14 Jahre in Deutschland (n=1001)
[72]   Hettler 2008, S. 56.

Online-Communities gelten, bündeln sich StudiVZ für Studenten, SchülerVZ für Schüler und meinVZ für jedermann. Mit 27 Prozent teilen sie sich den Platz mit Stayfriends. Auch Wer-kennt-wen ist ein sehr beliebtes Netzwerk mit 24 Prozent auf Platz 4. Zur beruflichen Vernetzung dient XING, welches mit 9 Prozent weit hinter dem 4. Platz steht.[73] Weitere Informationen sind aus Abbildung 4 zu entnehmen.

Wie man anhand der vorgezeigten Studien sehen konnte, ist ein regelrechter Boom der sozialen Netzwerke entstanden. Welchen Einfluss dies auf unser Leben und vor allem auf Unternehmen und Marken hat, wird in den nächsten zwei Kapiteln näher untersucht.

3.3 Der Einfluss sozialer Netzwerke auf unser Leben

„Der Mensch als ‚homo sociologicus' […] ist ein soziales Wesen und daher spielen Kontakte und die Interaktion mit anderen Personen eine zentrale Rolle im gesamten Lebensverlauf."[74] Über Jahrtausende hinweg existieren bereits soziale Netzwerke, die allerdings bislang auf persönlicher Kommunikation, also Face-to-Face, basierten. Die neuen Technologien und die modernen Inter-aktions- und Kommunikationsmedien führten zu einer Veränderung. Aber obwohl neue Kommu-nikationswege gefunden wurden, sei trotzdem vieles beim Alten geblieben, meint *Christakis*.[75]

3.3.1 Das Für und Wider

Seit jeher löst das Erscheinen einer neuen Kommunikationsform eine Debatte über mögliche gesellschaftliche Folgen aus, so auch das Aufkommen von Social Media. Auf der einen Seite ar-gumentiert man, dass die traditionellen Beziehungen verloren gehen, auf der anderen Seite sieht man die Chance, Beziehungen ohne räumliche Einschränkungen zu knüpfen. Schon immer leben Menschen mit und von sozialen Bindungen. Früher wurden die Sozialkontakte auf dem Markt-platz, in Sportvereinen, bei der Arbeit oder auf Festen geknüpft und gepflegt. Heute haben sich die sozialen Strukturen gewandelt.[76] *Münker* betont, dass das, was im Netz geschieht, nicht nur alleine für das Netz wichtig sei. Die Auswirkungen reichen über das Internet hinaus. Die unauf-haltsamen Veränderungen beeinflussen nicht unmerklich die digitale Welt, aber auch unsere reale Welt.[77]

Die Pessimisten in Bezug auf soziale Netzwerke im Internet diskutieren auf der Basis, dass die persönliche Face-to-Face-Kommunikation verloren ginge. Bereits bevor der Boom der sozialen Netzwerke überhaupt entstand, hat sich der Theoretiker Manuel Castells (1996) mit der Frage auseinandergesetzt, ob es eine Entwicklung der Weltgesellschaft zu einer Netzwerkgesellschaft gibt. Seine Grundlage bestand darin zu behaupten, dass durch die Ausbreitung und die Nutzung moderner Kommunikation ein Bedeutungsverlust des Lokalen entsteht, welcher letztendlich

---

[73] Vgl. BITKOM 2011, S. 1.
[74] Kneidinger 2010, S. 19.
[75] Vgl. Christakis 2010, S. 325f.
[76] Vgl. Huber 2010, S. 64.
[77] Vgl. Münker 2010, S. 39.

durch den nicht zu verorteten virtuelle Raum ersetzt wird. Auch *Kneidinger* ist der Ansicht, dass die Face-to-Face-Begegnung deutlich reduziert wird. Als Beispiel wird hier der Online-Einkauf genannt. Eine direkte Interaktion sei hier nicht notwendig, da man alles bequem alleine und von zuhause aus erledigen kann. Dies könne als ein sozialer Nachteil gesehen werden, da alltägliche soziale Interaktionssituationen gleichzeitig verloren gehen.[78] In steigendem Maße würden die Menschen den ersten Eindruck einer Person zudem nur online erhalten anstatt offline, so *Shuen.*[79]

Die Argumentation der Befürworter sozialer Netzwerke basiert auf der Gleichheit des Social Web und dem Marktplatz. Beide verbinden die Menschen miteinander.[80] Es ist einfacher als je zuvor, zwischenmenschliche Bindungen einzugehen. Man ist unabhängig von räumlicher Distanz und den Herausforderungen des Alltags, Kontakt zu den sozialen Beziehungen aufrecht zu erhalten.[81] Seit es virtuelle Gemeinschaften und Social Media gibt, werden die Menschen regelrecht von ihnen angezogen. Auch *Hagel* und *Armstrong* betonen, dass es vor allem darum geht, Kontakt zueinander aufzunehmen. Insbesondere stehen die Bedürfnisse der Menschen im Mittelpunkt, die sie mit sozialen Netzwerken befriedigen möchten.[82] Hierbei würde lediglich das uralte Bedürfnis nach Beziehungen zu anderen Menschen verwirklicht werden, sei es online oder offline.[83] Soziale Netzwerke ermöglichen auf eine neue Art und Weise, unser Leben zu meistern. Dazu gehören Beziehungen mit Menschen, die in verschiedenen Lebensphasen die gleichen, neuen und oft auch intensiven Erfahrungen gemacht haben, wie man selbst. Das Zusammenkommen und Kommunizieren über ähnliche Erlebnisse zeigt, dass man nicht alleine ist.[84] *Hoppe* nennt dies die soziale Identität in einer Gruppe, die sowohl durch das Gefühl der Zugehörigkeit und die damit verbundene emotionale Bedeutung, als auch durch die ähnlichen Handlungen, Intentionen, Werte und Eigenschaften auslöst wird.[85]

3.3.2 Gründe für die Nutzung sozialer Netzwerke

„In mancherlei Hinsicht sind Online-Netzwerke den Offline-Netzwerken recht ähnlich – die sozialen Fähigkeiten, die […] [man] aus der realen Welt [...] [kennt], sind auch hier hilfreich."[86] Jedoch vereinfachen die sozialen Netzwerke im Internet unser reales Leben. Somit ist ein Grund, warum wir uns in sozialen Netzwerken aufhalten, recht simpel. Im realen Leben trauen wir uns häufig nicht, über unseren Schatten zu springen und Menschen persönlich anzusprechen. Die Kommunikation online und über soziale Netzwerke ist dagegen einfacher, als am Tresen, in einem Club oder auf der Straße jemanden persönlich anzusprechen, zu flirten oder zu diskutieren. Das Inter-

---

[78] Vgl. Kneidinger 2010, S. 42ff.
[79] Vgl. Shuen 2008, S. 58.
[80] Vgl. Geffroy 2001b, S. 59.
[81] Vgl. Huber 2010, S. 64.
[82] Vgl. Hagel 1997, S. 32.
[83] Vgl. Christakis 2010, S. 326.
[84] Vgl. Hagel 1997, S. 34.
[85] Vgl. Hoppe 2009, S. 93.
[86] Shuen 2008, S. 57.

net ermöglicht uns, Barrieren zu brechen. Spezifische Communities offenbaren die gleichen Interessen, die man mit den Menschen, von denen man weiß, dass sie das Thema wirklich interessiert, teilen und diskutieren kann. Daher würde man an Zufriedenheit und Lebensqualität dazugewinnen, laut *Godau*. Und wenn man mal nicht reden oder sich austauschen möchte, liest man passiv mit, was andere sagen. Allerdings braucht eine demokratische Gesellschaft Menschen, die mitdenken, mitfühlen und mitmachen. *Godau* sagt zum Thema Social Media, dass sich die Lebenskultur generell geändert hat.[87]

> „Wer vor Kurzem noch heimlich versuchte, die Eier aus dem Kühlregal des Supermarktes auf dem Heizkörper auszubrüten, würde heute in seinem Blog darüber berichtet. Und andere wiederum würden über die Eier lesen, und deren mögliche Veränderungen kommentieren."[88]

Gegensätzlich dazu geht *Qualman* darauf ein, dass das Leben viel einfacher gewesen war, als man Nachrichten noch über Zeitschriften und Fernsehen bezogen hat. Es findet eine großflächige Fragmentierung des Marktes statt und für viele Menschen bedeutet dies mehr Stress. Menschen seien in sich widersprüchlich: auf der einen Seite wollen sie Individualisten sein, die ihren Freiraum benötigen, auf der anderen Seite aber auch als Teil einer Gesellschaft gesehen und von anderen geschätzt werden. Alleine aus diesem Grund seien wir bereit, soziale Netzwerke zu nutzen, um Kontakte zu halten und das Grundbedürfnis nach Akzeptanz zu befriedigen.[89] „Dies ist wohl auch darauf zurückzuführen, dass viele danach lechzen, genau zu wissen, was die Mehrheit der Menschen tut."[90] Es gibt Menschen, die jeden Post, jedes Foto oder jeden Kommentar betrachten. Es gibt aber auch regelmäßige Social-Media-Nutzer, die Vorlieben und einen eigenen Stil entwickeln, um die wichtigen von den unwichtigen Informationen zu selektieren. Man nutzt Social Media als Suchmaschine, man ‚liked' Seiten von Nachrichtensendern auf Facebook, damit die Nachrichten uns finden, und man informiert sich in Blogs über bestimmte Themen. Somit erhält man schnelle und kostenlose Informationen, wann immer man will.[91]

3.4 Der Einfluss sozialer Netzwerke auf Unternehmen und Marken

„Was heißt das nun für Unternehmen und Marken? Wird die bisher praktizierte Kommunikation auf den Kopf gestellt oder wird man in ein paar Jahren kopfschüttelnd rätseln, warum Social Media einen solchen Hype auslösen konnte?"[92] Durch die neuen Technologien und Möglichkeiten im Web 2.0 ergibt sich für Unternehmen ein Wandel, der auch besonders durch soziale Netzwerke geprägt ist. Ein neuer Begriff ist entstanden: Enterprise 2.0. Dies sind Unternehmen, die sich an die neuen Gegebenheiten anpassen und die sozialen Angebote explizit nutzen. Dieses Konzept des Enterprise 2.0 beinhaltet daher eine gewisse Anpassungsnotwendigkeit. Unternehmen sollten ihre Interaktionsqualität und -effektivität zu Kunden, Partnern, aber auch zu den

---

[87] Vgl. Godau 2008, S. 54ff.
[88] Ebd., S. 69.
[89] Vgl. Qualman 2010, S. 20.
[90] Ebd.
[91] Vgl. ebd., S. 21ff. u. 38f.
[92] Karle 2010, S. 34.

eigenen Mitarbeitern mit Hilfe von sozialen Plattformen verändern und verbessern. Aus diesem Grund heißt es Enterprise 2.0 zu sein, die Anpassungen an die veränderten Umweltbedingungen im digitalen Lebens- und Geschäftsraum entsprechen zu bewältigen.[93] So gibt es auch für Unternehmen spezielle soziale Netzwerke wie zum Beispiel Yammer, um Mitarbeiter über diese Plattform zusammenzubringen und die Kommunikation zu erleichtern.[94]

Wie bereits in Kapitel 2.2 vorgestellt, geht es den Konsumenten um Individualität. *Geffroy* nennt hierzu das Beispiel der Marke Nike. Nike bietet auf seiner Internetseite die Möglichkeit, Kunden ihre individuellen Schuhe selbst gestalten zu lassen. Falls die Schuhe nicht gefallen, können diese sogar zurückgeschickt werden. Nike könnte man also als Vorreiter für Individualität bezeichnen. Unternehmen und Marken müssen lernen, die individuellen Wünsche der Kunden auch auf das Internet zu übertragen. Es geht hierbei um die Erfüllung der Bedürfnisse der Kunden, was genau die Grundlage für den Siegeszug des Internets war. Allerdings sprechen diese nur sehr selten freimütig über ihre Bedürfnisse. Soziale Netzwerke hingegen lösen einen kreativen Gruppeneffekt aus und steigern das Chancenpotenzial für Unternehmen, die individuellen Wünsche zu erkennen und auch zu erfüllen.[95] Sie „besitzen die Macht, die Beziehungen zwischen Unternehmen und Kunden von Grund auf neu zu strukturieren."[96] Viele Unternehmen sprechen noch heute von der breiten Masse, allerdings müssen sie erkennen und auch begreifen, dass mit diesem Ansatz in eine falsche Richtung gedacht wird.[97]

Allerdings ist der Kommunikationseffekt der Konsumenten nicht einfach zu bewerkstelligen. Durch die Besonderheit, dass Meldungen von Kunden häufig nicht öffentlich sind, ist es für Dritte, also in diesem Fall Unternehmen, schwer an diesem Austausch teilzunehmen. Eine Partizipation eröffnet sich als sehr kompliziert, vor allem wenn es sich um die Beziehungs- und Kommunikationsnetzwerke handelt. Somit wissen viele Unternehmen nicht, wie sie Social-Media-Anwendungen in ihrem Sinne einsetzen können.[98] Es muss gezielt überlegt werden, wie Unternehmen und auch ihre Marken Ideen am besten verbreiten und dabei auch noch Geschichten erzählen.[99] So warnt der Berater Peter Kreuz davor, dass jede hohle Marketingbotschaft und jedes leere Versprechen sofort entlarvt und letztendlich die Manager, Marken, Personen und Produkte an den digitalen Pranger gestellt werden würden. Unternehmen müssen begreifen, dass man nicht kontrollieren kann, was die Gesellschaft über einen denkt.[100] *Eick* betont im Bezug auf dieses Thema, dass die Markenführung zwar deutlich partizipativer und kollaborativer sei, allerdings sollten die Unternehmen nicht vollständig die Macht aus der Hand geben, da ansonsten die Gefahr bestehe, dass Marken Schaden nehmen oder ganz vom Markt verschwinden könnten. Geschwindigkeit, Reichweite und abrufbares Wissen aus dem Internet führe unweigerlich dazu, dass Unternehmen ihre Marken nur dann schützen können, indem sie ständig ihre

---

[93]   Vgl. Schönefeld 2009, S. 43ff.
[94]   Siehe hierzu https://www.yammer.com/
[95]   Vgl. Geffroy 2001a, S. 15.
[96]   Hagel 1997, S. 22.
[97]   Vgl. Geffroy 2001a, S. 16.
[98]   Vgl. Hettler 2008, S. 57f.
[99]   Vgl. Meerman Scott 2010, S. 279f.
[100]   Vgl. Karle 2010, S. 35.

Kunden, die Konsumenten und die User im Auge behalten. Angst vor Kontrollverlust oder möglichen Gegenpositionen in sozialen Netzwerken helfen da nicht weiter, so *Eick*. Hingegen sollte man sich intensiv um einen starken und nachhaltigen Beziehungsaufbau kümmern, denn insbesondere Marken lösen Emotionen wie Vertrauen und Werte wie Verlässlichkeit aus.[101] Zwischen einer Marke und Käufer besteht somit eine emotionale Bindung.[102] Dabei schafft das Web die optimale Voraussetzung, eine nahezu unbegrenzte Anzahl an Beziehungen aufzubauen.[103] *Meerman Scott* sieht dieses kollektive Wissen als einen Vorteil für Unternehmen, denn diese Quelle muss einfach nur angezapft werden. Unternehmen müssen beobachten, was man über sie veröffentlicht, und reagieren, sobald eine hitzige und negative Diskussion über sie entsteht. Geschieht dies nicht, beginnen Konsumenten, sich Gedanken zu machen, ob das Unternehmen etwas zu verbergen hätte. Hält man sich allerdings dort auf, wo auch die Konsumenten und Kunden zu finden sind, zeigt das Unternehmen Interesse. Die Präsenz sei letztendlich entscheidend.[104] *Meerman Scott* fragt hier die Unternehmen: „Wie können Sie sich leisten, keinen engeren Kontakt zu Ihren auskunftsfreudigsten Kunden herzustellen?"[105]

Dennoch bewegen sich vor allem Marken noch recht unsicher in virtuellen Gemeinschaften und schwanken zwischen Initiative und Scheu. Wovor sich manche Unternehmen fürchten, sehen andere als große Chance, nämlich einen offenen Dialog mit Millionen Nutzern zu führen und somit Transparenz und Offenheit zu zeigen.[106] Dies führe auch zu einer Offenheit der Konsumenten gegenüber Unternehmen, wodurch man eine Fülle an Rückmeldungen und Kommentaren zu Marken erhalten und Rückschlüsse ziehen kann.[107] So gibt es Marken wie Apple, Porsche, BMW oder auch Dell, die auf Facebook mit ihren ‚Fans' interagieren und kommunizieren, und das mit großem Erfolg.[108] Die wichtigste Erkenntnis ist letztendlich, dass die Gewinner folgende Unternehmen am Markt sein werden, die verstanden haben, sich mit ihren Kunden auseinander zu setzen.[109] Bereits *Geffroy* hat im Jahr 2001 erkannt, dass soziale Netzwerke weitaus mehr Macht besitzen werden als Großkonzerne. In Zukunft zählen nur noch: „Kundenwert schlägt Produktwert."[110]

> „Jedes Unternehmen, welches die Hürde auf dem Weg nach oben überspringen will, wird sich in Zukunft nicht mehr die Frage stellen: ‚Wir haben zehn Produkte, wie können wir sie verkaufen?', sondern: ‚Wir haben zehn Ideen, lasst uns sehen, was die Menschen davon halten.'"[111]

---

[101] Vgl. Eick 2010, S. 45.
[102] Vgl. Karle 2010, S. 36.
[103] Vgl. Geffroy 2001b, S. 67.
[104] Vgl. Meerman Scott 2010, S. 104.
[105] Ebd., S. 104.
[106] Vgl. Karle 2010, S. 35f.
[107] Vgl. Eick 2010, S. 44.
[108] Vgl. Hettler 2008, S. 56.
[109] Vgl. Eick 2010, S. 44.
[110] Geffroy 2001b, S. 64.
[111] Ebd., S. 61.

3.5 Hypothese *H1*

Die Hypothese *H1* dient der Klärung, inwieweit sich das Selbstverständnis von Marken geändert hat. Durch Kapitel 2 und 3 wurde deutlich, dass eine Marke zwar eine gewisse Orientierung in der heutigen Zeit im Bezug auf die Informationsüberflutung gibt, allerdings verlangen die Konsumenten gleichermaßen eine entsprechende Bereitschaft zur Kommunikation und Interaktion von Seiten der Unternehmen. Marken müssen daher viel mehr leisten, um auf dem Markt zu überleben, indem sie an den Beziehungen mit den Kunden und Konsumenten arbeiten. Zusätzlich verliert das traditionelle Marketing immer mehr an Kraft, da Konsumenten vermehrt auf Freunde und Bekannte hören, als auf Werbebotschaften zu reagieren. Ein Beziehungsaufbau kann hier Abhilfe schaffen, indem man zwar Informationen streut, aber gleichzeitig den Kunden die Möglichkeit des Austauschs mit anderen Konsumenten bietet. Die Selbstverständlichkeit einer Marke hat in der Welt des Web 2.0 kein Gewicht mehr. Viel mehr bedeutet es heute, immer aktuell, transparent, offen und kommunikationsfreudig zu sein. Dahinter steckt viel Arbeit und ein gewisses Verständnis für die Bedürfnisse der Konsumenten. Folglich wird das Überleben der Marke nur dann gesichert, wenn die besagten Kriterien eingehalten werden.

4. Das Kaufverhalten im Zeitalter Web 2.0 & Social Media

Wie bereits in den vorangegangenen Kapiteln deutlich wurde, entwickelt sich das Internet zum „Normalo-Medium"[112]. Einkaufen verliert seinen ursprünglichen Ort, denn das Internet hat hierbei den entscheidenden Schritt von einem Männer-Spielzeug hin zur High-Tech-Inszenierung gemacht.[113] Individualität, Kommunikation, Partizipation und Interaktivität sind die Schlagwörter der heutigen Shopping-Szenarien.

Dieses Kapitel bearbeitet die neue Generation des Shoppings. Hierbei stehen die Konsumenten und ihr verändertes Verhalten im Mittelpunkt, was nicht zuletzt mit der Entwicklung des Internets zu tun hat. Somit entstehen auch neue Profile der Käufer. Empfehlungen und Bewertungen spielen zunehmend eine Rolle. Aber vor allem der Einfluss von Social Media auf das E-Commerce, das Kaufverhalten und das neue Verhältnis zum Kunden werden in diesem Kapitel untersucht. Hierbei ist die Hypothese *H2* Mittelpunkt der Untersuchung.

H2: *Persönliche Empfehlungen und Bewertungen von Nutzern und die Möglichkeit der Interaktion sind für Online-Shop Nutzer heute unverzichtbar.*

4.1 Verkaufen unter neuen Bedingungen

4.1.1 Individualisierung

Bereits Ende des 20. Jahrhunderts hat man sich zu der Individualisierung der Gesellschaft Gedanken gemacht und festgestellt, dass es zu einer Auflösung sozialmoralischer Milieus kommen wird. Man ging von einem Zerfall der Orte und Strukturen der kollektiven Vergesellschaftung und einer wachsenden Selbstzuständigkeit der Individuen im Bezug auf kognitive, moralische und materielle Fragen des alltäglichen Lebens aus.[114] Betrachtet man diese Aussage in der heutigen Zeit, findet man durchaus Parallelen. Trends wie Individualisierung des Konsums und ein Netz-Gemeinsinn erreichen heute vermehrt die Aufmerksamkeit der Menschen, so *Haderlein*.[115] Aber was bedeutet Individualisierung denn genau? *Heintz* beschreibt es folgendermaßen: „Es ist die Differenz zwischen Sein und Wollen, die meine Einzigartigkeit ausmacht, und was ich will, ergibt sich aus dem Vergleich mit anderen."[116] Es bestehe ein drängender Wunsch der Konsumenten nach Individualisierung, so *Wenzel*, und bisher wurde nur versucht, diese Wünsche der Kunden von Handel und Industrie mit einer Umgestaltung der Produktpalette zu befriedigen. Der Kunde der Zukunft suche allerdings Produkte, die wirklich wichtig sind und ihn im Alltag unterstützen.[117] Auch *Lamla* ist der Ansicht, dass es den Kunden heute weniger um den Kauf explizit geht, son-

---

[112]   Wenzel 2009, S. 31.
[113]   Vgl. ebd.
[114]   Vgl. Dollhausen 2003, S. 71.
[115]   Vgl. Haderlein 2006, S. 18.
[116]   Heintz 2003, S. 184.
[117]   Vgl. Wenzel 2007, S. 37.

dern vielmehr um die Vorstellungen, „die wir uns mittels der Waren über uns selbst und über andere machen."[118] Individualisierung bedeutet auch eine ständige und schnellere Veränderung der Bedürfnisse der Menschen. Dies fordert Reflektion, Purismus und die Frage, was wirklich wichtig und genussversprechend ist.[119] Und genau hier kommt der ‚Long Tail' ins Spiel. Die neuen Trends, unterstützt durch das Internet, gehen in die Richtung der individuellen und auch häufig weniger für die Masse geeignete Produkte, um diese Individualisierung zu unterstützen. So beschreibt *Anderson* in seinem Buch den ‚Long Tail' und unterstreicht damit den Erfolg von wenig massentauglichen Produkten.[120] Somit gewinnen Nischenprodukte im Vergleich zu den Massenprodukten an Bedeutung. Besonders weil mittlerweile jeder Produkte über das Internet verkaufen kann, stehen kommerzielle Angebote mit diesen in Konkurrenz. Nischen haben zwar schon immer existiert, aber erst das Internet ermöglicht es, dass jeder mit geringen Kosten und ohne geografische Beschränkungen diese erreichen kann. Außerdem entscheiden die Käufer danach, was ihnen am besten gefällt. Und diese Vielfalt wird von Konsumenten auch gerne genutzt. Der Nischenmarkt steht mit seiner nahezu unbegrenzten Anzahl an Produkte stark im Wettbewerb zu den Massenmärkten.[121] Ein Paradebeispiel für das Phänomen ‚Long Tail' ist der T-Shirt-Verstand Spreadshirt.com. Hier werden den Nutzern individuelle Möglichkeiten zur Selbstgestaltung der eigenen T-Shirts und Einrichtung eines eigenen Shops geboten. Der Kauf und Verkauf der T-Shirts findet folglich von Kunde zu Kunde statt und Spreadshirt.com schafft damit eine riesige Menge an Verkäufen, nach dem Motto ‚Kleinvieh macht auch Mist'.[122] So lasse sich durch das Web 2.0 und Social Media Käufer für sehr individuelle Produkte finden.[123] Individualisierung bedeutet letztendlich, dass zum einen der Kunde ungewöhnliche Wünsche hat und zum anderen auch einen außergewöhnlichen Einsatz vom Verkäufer erwartet. Daher hoffen Kunden immer mehr auf individuell für sie erstellte Produkte.[124] „Insbesondere herkömmliche Massenanbieter werden künftig kreativ werden müssen, um dem Verbraucher einen interessanten Mehrwert bieten zu können."[125]

4.1.2 Identität

Die Tendenz der heutigen Gesellschaft liegt vermehrt in der Individualisierung, Fragmentierung und funktionalen Ausdifferenzierung. Traditionelles Denken und herkömmliche Rollenzuweisungen findet hier keinen Anklang mehr und können nicht länger als Rahmenbedingungen angese-

---

[118]   Lamla 2005, S. 197.
[119]   Vgl. Wenzel 2009, S. 9.
[120]   Vgl. Huber 2010, S. 103.
[121]   Vgl. Michelis 2010b, S. 173ff.
[122]   Vgl. Richter 2007, S. 11f.
[123]   Vgl. Mühlenbeck 2007, S. 198.
[124]   Vgl. Altmann 1996, S. 23.
[125]   Huber 2010, S. 103.

hen werden. Individuelle Gestaltung und die eigene Inszenierung tritt stattdessen in deren Fuß-stapfen, die eigene Identität herauszubilden.[126]

Wenzel beschreibt einen Trend im Kaufverhalten darin, dass sich vermehrt alles auf die Suche nach Identität sowie die persönlichen Wünsche und Ziele dreht. Er spricht in diesem Fall von einem Einkaufserlebnis, das stattfinden sollte, denn der bewusste Konsument beschäftigt sich nur mit dem Bunten, Anspruchsvollen, Hedonistischen, aber lässt auch seine Werte und Prinzi-pien nicht außer Acht. Es entstehen Räume, Wohlfühlräume oder „Spaces of Identity"[127], wie sie *Wenzel* bezeichnet, bei denen auch die Kommunikation mit den Konsumenten anders funktio-niert. Hier steht die Werbung außen vor und die Interaktion tritt an die Stelle der Transaktion. Die Wünsche und Bedürfnisse treten in den Mittelpunkt, denn der Konsument erwartet ein ge-wisses Bewusstsein für sich selbst; er will wahrgenommen und angesprochen werden. Und die Ansprache sollte möglichst respektvoll, aber vor allem ohne Tricks und authentisch von Unter-nehmensseite aus sein. Identität spielt hierbei besonders eine Rolle, da es nicht nur um den Ge-brauch der Produkte geht, sondern Konsumenten wollen sich in ihnen wiederfinden und sich über diese ausdrücken. Die Menschen konsumieren und entscheiden heute bewusst, sie wissen, was ihnen wichtig ist und was sie brauchen und sie verfolgen eine exakte Werthaltung, so *Wen-zel*: Lebensqualität, Wohlfühlen und persönliche Weiterentwicklung.[128]

4.1.3   Wissen ist Macht

Das Internet ermöglicht einen zuvor nie gekannten Zugriff auf produktives Wissen. Und das Wis-sen der Menschen steigt stetig an. Es stehe eine immer größer werdende Masse an Wissen zur Verfügung, um wiederum neues Wissen aufzubauen. Insbesondere das Web 2.0 mache das Wis-sen für alle Menschen verfügbar.[129] Der Begriff „E-mancipation"[130] kommt ins Spiel. *Haderlein* kündigt dadurch das Ende der Expertokratie und die Weisheit der Masse an. Besonders die Ge-schwindigkeit, mit der bestimmte Meinungen, Gegenmeinungen oder Inhalte übermittelt wer-den, könnte kein Spezialist oder Experte so schnell durchleuchten oder verbreiten wie das Web 2.0. Bei seiner Darlegung geht *Haderlein* besonders auf Norbert Bolz ein, der von der Rückkehr des Meinungswissens spricht. Er wiederum bestätigt seine Ansichten, dass das Vertrauen und die Bezugnahme auf Experten zunehmend geschwächt würden, was an der „Verschiebung in der Hierarchie der gesellschaftlichen Produktion von Wissen"[131] läge. Somit würde das, was in der kommunikativen Landschaft wichtig ist oder als relevant angesehen wird, ein kollaborativer Fil-ter regeln: die Weisheit der Masse. Vielmehr vertrauen die Nutzer anderen Menschen wie bei-spielsweise im Bezug auf ‚Wikipedia', eine Online-Enzyklopädie, die nur von den Internet-Usern mit Wissen gefüllt und gepflegt wird.[132] Insofern wird das Wissen durch das Web 2.0 reorgani-

---

[126]   Vgl. Becker 2003, S. 107.
[127]   Wenzel 2009, S. 37.
[128]   Vgl. ebd., S. 37ff.
[129]   Vgl. Mühlenbeck 2007, S. 91ff.
[130]   Haderlein 2006, S. 30.
[131]   Ebd., S. 31.
[132]   Vgl. ebd., S. 30ff.

siert, indem es Millionen von Menschen zum Meinungs- und Gedankenaustausch verknüpft. *Holzapfel* sieht eine Emanzipation der Kunden; neue Bedingungen, mit denen Unternehmen zu kämpfen haben. Viele Unternehmen sind trotz der heutigen Entwicklung immer noch der Ansicht, dass es sich bei Konsumenten um willenlose Objekte handelt, die sich ihren Wünschen fügen sollten. Wissen und Information ist aber abhängig von Menschen und untrennbar mit ihnen gekoppelt. Zum einen bestehe Wissen aus Daten, die auf Basis von Informationen, Erfahrungen und emotionaler Intelligenz entstanden sind.[133] Zum anderen bekommt man Informationen, indem man sie in Suchmaschinen eingibt. Allerdings kann nur nach bestimmten Kriterien gesucht werden. Qualität oder gar Authentizität werden nicht berücksichtigt. Dazu sind lediglich Menschen fähig. Somit hängt Wissen und Information entsprechend von den Menschen ab.[134]

Send diskutiert in diesem Bezug die Weisheit der Vielen. Er bezieht sich besonders auf James Surowiecki, der dieses Phänomen untersucht hat und auch das Thema der kollektiven Intelligenz anspricht. Er stellt die kollektive Intelligenz „als Gegenstück zum oft falschen, individuellen Urteil dar."[135] Somit ist er der Ansicht, dass je kleiner eine Gruppe sei, desto geringer ist die Meinungsvielfalt innerhalb einer Gruppe. Ist allerdings eine Gruppe größer, so ist die Wahrscheinlichkeit auch höher, dass eine gewisse natürliche Meinungsvielfalt entstehe, die sich aus der Menge der Beteiligten ergeben würde.[136] So schließen sich mittlerweile sogar Menschen zusammen, um Co-Shopping zu betreiben. Dies ist auch außerhalb des Internets möglich, aber durch dieses können potentielle Kunden auch zusammenfinden. Somit liegt die Macht bei ihnen, den Preis durch die Masse an Menschen zu senken und ein günstigeres Angebot zu erhalten.[137] „Tausende von Kunden können sich untereinander unterhalten und dadurch den Absatz jedes Unternehmens beeinflussen."[138] Das Internet und die Vernetzung durch die sozialen Netzwerke fördern folglich das Entstehen von Gruppen und bieten den „Zugang zu unzähligen Menschen und damit auch zu deren Wissen, Know-How und Kreativität."[139]

4.1.4 Freiheit und Selbstbewusstsein

Für den Konsumenten der heutigen Zeit ist ein neues Machtverhältnis entstanden. Er besitzt Möglichkeiten, Individualität und Identität zu verlangen, aber auch Informationen oder Beratung dann zu beziehen, wenn er möchte. Bereits zu Beginn des 20. Jahrhunderts stellte man fest, dass vor allem die individuelle Freiheit mit den Wahlmöglichkeiten zusammenhängt, d.h. je mehr soziale Beziehungen man knüpfen kann, desto freier ist man in der Entscheidung, welcher Gruppe man angehören möchte. Besonders heutzutage ist die Auswahl des sozialen Kreises nahezu unendlich. Zusätzlich unterstützt die individuelle Freiheit auch den stetigen Wechsel der sozialen

---

[133]   Vgl. Geffroy 2001b, S. 65.
[134]   Vgl. Mühlenbeck 2007, S. 95.
[135]   Send 2010, S. 92.
[136]   Vgl. ebd., S. 91ff.
[137]   Vgl. Zwick 2001, S. 55.
[138]   Brunold 2000, S. 72.
[139]   Kain 2010, S. 153.

Beziehungen.[140] „Der Kunde hat die Freiheit, selbst zu wählen, welche [...] Tätigkeiten und Rollen er lieber selbst übernimmt, anstatt für ein Unternehmen oder externen Dienstleister zu bezahlen."[141] Somit organisieren sich die Kunden selbst und informieren sich gegenseitig.[142] „Mit der Nutzung des Internet können sich Nutzer, die sich zum größten Teil persönlich nicht kennen und nie kennen lernen werden, gegenseitig Kraft geben."[143]

Hinzu kommt, dass der Kunde dieses Angebot auch vermehrt nutzt. Er bewegt sich selbstbewusst durch das Web 2.0 und begreift langsam, dass er die stärkere Marktposition besitzt.[144] *Gruber* beschreibt die geänderte Einstellung der Menschen und die daraus resultierende Konsumentendemokratie mit vier englischen Wörtern „independent, informed, involved, individualistic"[145]. Die Kommunikationsmöglichkeiten und das gesunkene Vertrauen gegenüber der Massenkommunikation verstärken die aktive Rolle der Verbraucher und die Selbstvervielfältigung der Botschaften, welche ohne Probleme ein Millionenpublikum erreichen können.[146] Somit kommen die Kunden den Unternehmen sehr nah. Konsumenten fordern verstärkt und möchten ihren persönlichen Berater sofort am Bildschirm haben, wenn Fragen zu Waren oder Dienstleistungen auftreten. Außerdem gehen sie aktiv auf Unternehmen zu, indem sie regelmäßig Feedback zu allem geben.[147] Aus den vorangehenden Interpretationen ergibt sich ein neuer bewusster Konsument, dessen Vorlieben und Wünsche bezüglich des Konsums in der folgenden Grafik zusammengefasst werden:

Abb. 5: Der bewusste Konsument

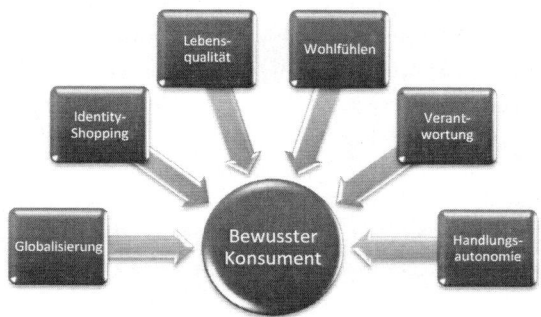

Quelle: In Anlehnung an Wenzel 2009, S. 43.

[140]   Vgl. Thiedeke 2003, S. 32.
[141]   Mühlenbeck 2007, S. 107.
[142]   Vgl. Michelis 2010a, S. 204.
[143]   Ebd.
[144]   Vgl. Mühlenbeck 2007, S. 107.
[145]   Gruber 2008, S. 26.
[146]   Vgl. ebd.
[147]   Vgl. Brunold 2000, S. 72.

4.2 Social Shopper – Wie Kunden zu Verkäufern werden

Es entsteht ein Konsument, der sich nicht mehr von den klassischen Medien in seiner Kaufentscheidung beeinflussen lässt. Hingegen bietet sich in der heutigen webbasierten Handelszone ein Bild vieler Millionen Menschen, die immer wieder bereit sind, in verschiedene aktive Rollen zu schlüpfen wie Verkäufer, Produkttester oder auch Ratgeber, und immer offen gegenüber Kommunikation sind.[148] Ging man ursprünglich von einer klaren Rollenverteilung aus, also Konsument, Unternehmen und öffentliche Institutionen[149], so ist heute vermehrt zu beobachten, dass eine Tendenz weg vom Business-to-Consumer hin zu Consumer-to-Consumer stattfindet. So haben, laut *Hagel*, virtuelle Gemeinschaften ein besonderes Potenzial, eine Machtverlagerung von den Anbietern auf die Kunden zu bewirken. Der Mehrwert würde von den Anbietern zunehmend auf die Kunden übergehen.[150] Kunden werden zu Verkäufern.

Grund hierfür sei die Vertrauensverlagerung weg von den Unternehmen hin zu Gleichgesinnten. Laut *Nielsen*, ein führender Marktforscher im Bereich Online, sollen 78 Prozent der Konsumenten den Aussagen in ihrem persönlichen Netzwerk und nur 14 Prozent den Aussagen in der Werbung vertrauen. Dies liege vorwiegend an der Reizüberflutung durch die kaum zu bewältigende Menge an Werbung und das damit einhergehende sinkende Vertrauen in die Aussagen der Werbetreibenden.[151] Die Verbindung zwischen Menschen und Marken basiert nicht mehr auf einer eindimensionalen Kommunikation, sondern verläuft zunehmend interaktiv und kollaborativ.[152] *Lamp* sucht den Ursprung der Macht öffentlicher Meinungen in der griechischen Antike. Hierbei handelt es sich um den angeboren Trieb zum Sozialleben, kurz gesagt: Wir sind alle Herdentiere. Daraus ergeben sich zum einen die Tatsache der Geselligkeit, der wir alle nachgehen möchten, und zum anderen das zielgerichtete Handeln der Verwirklichung. Die soziale Weisheit ergibt folglich die Richtschnur, um den Lebensraum zu erhalten und fördert das Wohlergehen aller durch Partizipation.[153] *Greskamp* beschreibt diesen Ansatz in Zusammenhang mit Melcolm Gladwell und seinem Buch ,The Tipping Point', der das Losbrechen eines neuen Trends als mit einer sozialen Epidemie als Metapher vergleicht. In dieser können nur eine Handvoll Menschen eine große Veränderung bewirken. Diese Menschen besitzen besondere und gesellschaftliche Fähigkeiten und ihnen gelingt es durch ihr Verhalten oder durch ihre Präsenz, andere auf Dinge aufmerksam zu machen, sie von ihrer Meinung zu überzeugen und auch Mundpropaganda zu betreiben. Diese Charaktere seien Vermittler, Kenner und Verkäufer.[154] Zusammengefasst nennt *Gladwell* dies „Das Gesetz der Wenigen"[155], also wenige Personen, die in der Gesellschaft so viel Einfluss haben, um Meinungen, Einstellungen usw. zu verändern und sogar Produkte zu kaufen.

---

[148]   Vgl. Wenzel 2007, S. 83.
[149]   Vgl. Behrens 2001, S. 128.
[150]   Vgl. Hagel 1997, S. 39.
[151]   Vgl. Holzapfel 2010, S. 13.
[152]   Vgl. Eick 2010, S. 44.
[153]   Vgl. Lamp 2009, S. 89ff.
[154]   Vgl. Greskamp 2010, S. 53ff.
[155]   Ebd., S. 65.

Zusätzlich, so *Conrady*, komme die Motivation der Selbstdarstellung hinzu. Bereits im Jahr 1990 stellte er fest, dass die Selbstdarstellung des Konsumverhaltens das Fremdimage des Konsumenten in der sozialen Umwelt beeinflusse. Die Verwendung von Produkten und Dienstleistungen lasse Rückschlüsse auf die Merkmale des Konsumenten zu und stärke die Bildung des Gesamteindrucks. Die Art des Konsumverhaltens diene dazu, die Individualität, aber auch die Gruppenzugehörigkeit eines Individuums zu dokumentieren. Dies wiederum bestätigt die Annahme, dass es sich bei den Menschen generell um Herdentiere handelt, aber auch, dass Individualität eine entscheidende Rolle spielt. Soziale Interaktion kann folglich in gewünschter Weise beeinflusst werden, indem das Konsumverhalten einen gewissen Symbolgehalt aufweist. Bezieht man dies zum Beispiel auf die Kleidung, die besonders heute Ausdruck der Individualität ist, könnte es getreu dem Motto ‚Du bist, was du trägst' ausgelegt werden.[156] Somit gibt es Trendsetter, die ein gewisses Konsumverhalten bestimmen. Bezieht man diese These nun auf das Social Web, lässt sich ein Profil eines Konsumenten herauskristallisieren, der mit seinen Kommentaren einen besonderen Einfluss auf andere ausübt, die so genannten „Social Influencers"[157]. Diesen werden aufgrund eines großen Freundeskreises, Lesern oder Followern in sozialen Netzwerken ein hohes Vertrauen entgegengebracht, da ihre Äußerungen authentisch und nicht manipulativ wirken. Im Meinungsbildungsprozess der Konsumenten haben sie einen hohen Stellenwert.[158]

4.3   Die neuen Profile der Käufer

Wie bereits durch die Kapitel zuvor deutlich wurde, hat der moderne Konsument ein deutlich höheres Bewusstsein und ist aufgeklärter gegenüber unternehmensspezifischen Themen. Eine neue Generation von Konsumenten schaffe vor allem die zunehmende Vernetzung und die globale Verfügbarkeit an Informationen.[159] Man sieht den Grund darin, dass es nicht nur um den Wegfall der massenmedialen Interaktionssperren zwischen Sender und Empfänger gehe, sondern einer unbegrenzten Zahl an Teilnehmern die Möglichkeit gegeben wird, auf persönliche Interessen abgestimmte Informationsangebote zu erstellen und die Rolle des Rezipienten mit der des Kommunikators zu tauschen.[160] Wichtig sind der Online-Status und der Vernetzungsgrad. Das heißt, je stärker ein Konsument in soziale Netzwerke eingebunden ist, desto mehr Macht hat er in der Beeinflussung anderer Menschen.[161]

4.3.1   *Jeder ist Publisher*

Als besonderes Merkmal des Web 2.0 wird häufig hervorgehoben, dass jeder Nutzer ein potentieller Sender ist, der Inhalte in das Netz einspeist und somit auch mit anderen Inhalten verknüp-

---

[156]   Vgl. Conrady 1990, S. 165ff.

[157]   Alt 2010, S. 10.

[158]   Vgl. ebd.

[159]   Vgl. Knappe 2007, S. 57.

[160]   Vgl. Dollhausen 2003, S. 73.

[161]   Vgl. Knappe 2007, S. 57.

fen kann.[162] Der Wandel von Web 1.0 zu Web 2.0 hat die Folge, dass die Nutzer nicht nur als Content-Konsument, sondern auch als Content-Produzent interagieren.[163] „KonsumentInnen waren im Internet auch immer schon interaktiv. Was den Schritt zu Social Media jedoch auszeichnet, ist die aktive Teilnahme der NutzerInnen an der Inhalterstellung."[164] Allerdings sei der Gedanke, dass Menschen beim Entwurf und der Herstellung mitreden, nicht vollkommen neu, so *Tapscott*. Schon früh in der Geschichte gab es Erfindungen, in denen die verschiedenen Phasen der nutzergetriebenen Kreativität eingesetzt wurden.[165] Doch das Web 2.0 und die sozialen Netzwerke haben dies revolutioniert. Es entsteht der Begriff des User Generated Content, also Inhalte, die rein auf dem Wissen und der Herstellung der Konsumenten basieren. Das heißt, die User sind somit wesentlich am Aufbau einer Seite beteiligt, sei es durch Produktbewertungen, Meinungen zu neuen Produkten oder das Hochladen von Videos. Man arbeitet an gemeinsamen Aussagen, Strukturen und Erscheinungsbildern, so *Ebersbach*.[166]

Das Web 2.0 unterstützt die Abweichung der Konsumenten von ihrer ursprünglichen Rolle. Sie werden selbst zu Produzenten von Inhalten. Dieser Ansatz wurde letztendlich auch durch das gewachsene Selbstbewusstsein der Konsumenten gefördert. Kollektive Intelligenz sowie die Weisheit der Masse wird unterstützt.[167] *Ebersbach* nennt dies die Kollaboration der Nutzer, also Menschen, die gemeinsam an den Inhalten einer Webseite arbeiten. Ein Beispiel wäre hier ‚Wikipedia‘, was bereits genannt wurde. ‚Wikipedia‘ beruht auf den so genannten Wikis, bei denen aktiv an Veröffentlichungen gearbeitet wird. Allerdings sind auch Social Networks hierbei zu nennen. Diese sind zwar weniger kooperativ, aber trotz allem eine Form der Interaktion und gemeinsamen Materialsammlung von Wissen[168], Einstellungen, Gedanken, persönlichen Einschätzungen und Erfahrungen. Somit hinterlassen wir, indem wir uns in sozialen Netzwerken bewegen, überall unsere Fingerabdrücke und können alle als Publisher bestimmter Inhalte angesehen werden.

Zusätzlich kommt hinzu, dass man im Web 2.0 nicht mehr zwischen Sender und Empfänger oder zwischen Autoren und Leser klar unterscheiden kann. Dies liegt im Wesentlichen daran, dass jeder die Möglichkeit hat, sich in Kommunikationen einzumischen.[169] Besonders im Bezug auf das Social Web können Nutzer unterschiedliche Typologien annehmen und selbst bestimmen, auf welche Weise sie das Internet für sich nutzen. Dies ist generell abhängig vom Gestaltungsgrad der einzelnen Nutzer. Doch je mehr das Web 2.0 und die sozialen Netzwerke in den Mittelpunkt der Gesellschaft gestellt werden, desto häufiger nutzen wir diese auch aktiv. Je nachdem, welche Inhalte gesucht oder konsumiert werden wollen, nehmen wir die verschiedenen Rollen

---

[162]   Vgl. Schmidt 2008, S. 21.
[163]   Vgl. Seyer 2010, S. 4f.
[164]   Gruber 2008, S. 26.
[165]   Vgl. Tapscott 2007, S. 126.
[166]   Vgl. Ebersbach 2008, S. 184f.
[167]   Vgl. Mühlenbeck 2007, S. 18ff.
[168]   Vgl. Ebersbach 2008, S. 185ff.
[169]   Vgl. Dollhausen 2003, S. 74.

ein, vom aktiven Produzenten bis hin zum passiven Unterhaltungssucher.[170] „Dabei verwischt die Grenze zwischen Konsument und Produzent."[171]

4.3.2 Der Prosument

Bereits mit Beginn der 80er Jahre hat man über den aktiven Konsum diskutiert. Hierbei ging es um die Mitwirkung des Konsumenten und wurde in der Forschung sehr ausgiebig behandelt. Genannt wurde dies Prosumismus; Konsumenten, die das konsumieren, was sie selbst produzieren. Bisweilen ging man zu der Zeit noch von Selbsthilfegruppen, der Do-it-Yourself-Bewegung, aber auch teilweise von dem Mitwirken an Design und Produktion von Gütern aus.[172] Betrachtet man allerdings die grundsätzliche, traditionelle Denkweise der Herstellung, werden Produkte und Dienstleistungen entwickelt, um die Nachfrage am Markt zu decken. Ursprünglich wurden die Kommunikation und das Marketing dafür eingesetzt, um möglichst viele Konsumenten zum Kauf zu bewegen. Mittels Marktforschung wurden letztendlich potentielle Konsumenten zu den Produkten und Dienstleistungen befragt, um diese entsprechend an die Wünsche und Bedürfnisse anpassen zu können. Und genau hier findet ein Rollentausch statt. Das Unternehmen, ursprünglich Produzent der Produkte und Dienstleistungen, wird zum Konsument der Informationen und der Kunde, einst Konsument, wird durch sein Wissen zum Produzent, da er über wichtige Informationen durch Erfahrungen und Einstellungen verfügt. Besonders das Internet unterstützt diesen Wandel. In diesem neuen Profil bezeichnet man die Käufer als Prosumenten, also eine Mischung aus Produzent und Konsument. Diese sind mit dem Internet sehr vertraut und wollen ihren Wunsch nach Individualität ausleben, indem sie bei der Gestaltung von Produkten mitreden und ihre Ideen teilen.[173] „Die neue Erlebniswelt dieses partizipierenden Prosumenten wird dabei durch drei wesentliche Faktoren beeinflusst: Personalisierung, Selektion und soziale Interaktion."[174] Diese neue Macht des Kunden, selbst zu bestimmen, was er konsumieren möchte, führe dazu, dass dieser selbst in die Rolle des Entwicklers oder Herstellers schlüpft. Häufig nutzen Unternehmen das Engagement der Prosumenten, denn dadurch lassen sich durchaus auch Arbeitskosten einsparen.[175]

Zwar scheint es, als könne man nur von Prosumenten profitieren, allerdings stellt *Tapscott* sich auch die Frage, ob das Einbinden der Konsumenten wirklich so effektiv ist. Auf der einen Seite hätten zwar die Kunden mehr davon, was sie wirklich haben wollen, und die Unternehmen würden, wie bereits erwähnt, etliche Kosten einsparen, indem kostenlose Forschung und Entwicklung betrieben wird. Auf der anderen Seite aber müssen Unternehmen immer schwierigere Entscheidungen treffen, wie man mit den Kunden und ihrer Innovation richtig umgeht. Bei seiner Argumentation greif *Tapscott* ein Beispiel auf. Er nennt Apple und den iPod als Paradebeispiel für

---

[170]   Vgl. Gerhards 2008, S. 138ff.
[171]   Heinemann 2010a, S. 112.
[172]   Vgl. Voß 2006, S. 93.
[173]   Vgl. Kain 2010, S. 154.
[174]   Mielau 2010, S. 107.
[175]   Vgl. Lamla 2005, S. 205.

die Macht der Kunden. Der iPod kam ganz neu auf den Markt, die Menschen waren begeistert und das Unternehmen mit seinem Erfolg zufrieden. Aber vor allem technikversierte Kunden sind darauf gekommen, ihn mit Videospielen, Internet usw. auszustatten, da der iPod nach der Meinung der Kunden, viel zu schade ‚nur' für Musik sei. Apple reagierte nicht. Daraufhin wurden die Kunden selbst zu Ingenieuren, Bastlern und Technikern und entwickelten eine abgespeckte Version von Linux, die auf dem Bildschirm des iPods lief. Die Menschen tauschten sich darüber in Foren aus, verglichen Ideen und Ansätze und stellten das Unternehmen in den Schatten. Dabei stellt man sich immer wieder die Frage, wie mit solchen gewitzten, ungeduldigen und vor allem technisch versierten Konsumenten umgegangen werden soll. Es ist ein Teufelskreis: Lässt man seinen Kunden freie Hand, riskiert man den Verlust der Kontrolle; wer aber gegen seine Kunden kämpft, riskiert einen schlechten Ruf und schadet damit seinem Image.[176] Eines steht fest: Die Kunden in ihren Wünschen und Vorstellungen einschränken, kann man nicht. Dieses Beispiel zeigt: Wenn Unternehmen sich nicht um ihre Kunden kümmern, kümmern sie sich eben um sich selbst.

4.3.3 Kommunikationsbedürfnisse der Kunden

Das Web 2.0 und die sozialen Netzwerke bieten vor allem die Möglichkeit für Kommunikation. Damit wird einem elementaren Grundbedürfnis der Menschen nachgegangen.[177] „Die Menschen wollen miteinander reden, sie wollen Erfahrungen, Erlebnisse, Gedanken austauschen, und das über große Distanzen hinweg. Das ist es, wodurch das Internet ‚lebt' und was den offensichtlichen Reiz ausmacht."[178] Konsumenten verlassen ihre passive Rolle und werden zum mündigen Teilnehmer. Eine entscheidende Rolle spiele der Partizipations- und Diskussionsgedanke.[179] „Wo früher eine maximale große und homogene Zielgruppe stand, treffen wir heute auf eine extrem individualisierte und hochanspruchsvolle Zielperson mit Community-Bedürfnis."[180] Ausschlaggebend dafür seien die Massenproduktionen für die Durchschnittskunden, so Egli. In der Vergangenheit konnten die Kunden nicht mehr zwischen den Produkten unterscheiden und man musste ihnen den Mehrwert erklären. Allerdings nehmen die Kunden den kommunizierten Mehrwert, also Marketing und Werbung, nicht mehr wahr. Das Resultat sei, dass sich die verunsicherten Konsumenten auf Authentizität verlassen, also auf Freunde, Familie oder sogar völlig fremde Personen. Das Web 2.0 durch seine Bewertungen, Lobhymnen und angeprangerten Mängel fördert das Kommunikationsbedürfnis der Konsumenten. Durch ihre Unsicherheit gegenüber Produkten und Dienstleistungen versuchen sie mit Hilfe der vermuteten Authentizität anderer, Klarheit zu schaffen. Die Entscheidungsfindung der Kunden und des Konsums ist folglich abhängig von der Kommunikation. Durch den Überschuss an Informationen beruht die Kaufkraft erstmals auf maximale Information und Kommunikation und dazu noch in maximaler Reaktionsgeschwin-

---

[176]   Vgl. Tapscott 2007, S. 130ff.
[177]   Vgl. Geffroy 2001b, S. 60.
[178]   Ebd.
[179]   Vgl. Alt 2010, S. 7.
[180]   Haderlein 2006, S. 11.

digkeit. Insofern werden die wirklich entscheidenden Informationen zwischen Kunden ausgetauscht.[181]

> „Mithilfe von Social Media findet der Soziale Anreiz des Menschen, sich anderen mitzuteilen, einen effizienten Kanal. Im Rahmen dessen ist es nicht mehr der Einzelne, der sich primär seinem Umfeld mitteilt (,one-to-few'). Es sind viele verschiedene Individuen, die im Social Web zusammenkommen, um ihren Gedanken freien Lauf zu lassen (,many-to-many')."[182]

Hagel ist der Ansicht, dass das Kommunikationsbedürfnis mit dem Wunsch des Austausches gemeinsamer Interessen, zwischenmenschlichen Beziehungen und Phantasieauslebung kongruent gesehen werden kann.[183] Soziale Kontakte werden folglich aufgrund von Übereinstimmungen der Interessen und Hobbys geschlossen. Der Wunsch, zu einer Gruppe dazuzugehören und akzeptiert zu werden, wird durch die Kommunikation mit Gleichgesinnten erfüllt.[184] Soziale Netzwerke haben den Sinn, so *Schweitzer*, bei den Kunden Emotionen und ein ,Wir-Gefühl' auszulösen. Wichtig ist die Erkenntnis, dass die Kommunikation zwischen Gleichgesinnten und Konsumenten nicht nur rein materieller, sondern auch informeller und sozialer Natur sind.[185] Laut *Godau* sei ein weiterer Grund für das Kommunikationsbedürfnis die Angst vor Einsamkeit. Somit hat man festgestellt, dass das Kommunizieren mit anderen über bestimmte Themen oder auch Hobbys, die man zu Hause mit seinem Partner zum Beispiel nicht diskutieren kann, enorm zum Wohlbefinden beiträgt.[186]

„Weil heute eine laufende Kommunikation *möglich* ist, glauben viele Menschen, eine sofortige, einfache und permanente Kommunikation sei auch *wichtig*."[187] Das Internet stelle den Handel vor neue Herausforderungen, betont *Wenzel*, da auf eine neue Art und Weise das Kommunikationsbedürfnis und der Sozialisierungswunsch der Konsumenten angesprochen wird.[188] Somit erwarten Konsumenten mittlerweile sowohl von anderen Konsumenten, als auch von den Unternehmen eine Interaktion, wie das folgende Zitat bestätigt: „Yet the customers of today not only expect a personalized experience, but also demand opportunities to engage, collaborate, and have a say in the products and services they consume. They expect to be heard, and they expect to response."[189]

4.4   Die Bedeutung von Empfehlungen und Produktbewertungen

„Die Werbedichte steigt."[190] Und somit auch die Ignoranz gegenüber Werbung, denn kaum jemand kann so viel verarbeiten. Wir gehen in die Küche beim Werbeblock, blättern weiter in der Zeitschrift, ohne auch nur ein Blick darauf zu werfen. Auch die Werbebanner im Internet stehen

---

[181]   Vgl. Egli 2008, S. 6ff.
[182]   Alt 2010, S. 7.
[183]   Vgl. Hagel 1997, S. 32ff.
[184]   Vgl. Schmitz 1999, S. 95.
[185]   Vgl. Schweitzer 2008, S. 47f.
[186]   Vgl. Godau 2008, S. 54.
[187]   Ebd., S. 177.
[188]   Vgl. Wenzel 2007, S. 89.
[189]   Shih 2011, S. 41.
[190]   Langner 2008, S. 659.

einer enorm geringen Klickrate gegenüber. Und hinzu kommt, dass immer mehr Marken und Produkte in das Gedächtnis der Menschen gelangen wollen. Konsumentenverwirrtheit und Entscheidungsschwierigkeiten entstehen.[191] „Was soll man kaufen, welcher Marke vertrauen?"[192] Da ist es kein Wunder, dass der gegenseitige Austausch unter Konsumenten Einfluss auf die Konsumentscheidung hat, so *Gruber*.[193] Vor allem Social Media greift Konsumenten bei dieser Entscheidung unter die Arme. In Form von Bewertungen, Kommentaren und Empfehlungen verbreiten sich Meinungen und Inhalte binnen Sekunden im Internet.[194] Daher soll dieses Kapitel untersuchen, welche Wichtigkeit in den Empfehlungen und Produktbewertungen für die Konsumenten von heute steckt.

4.4.1 Empfehlungen

Für den Begriff der Empfehlung finden sich in der Literatur unzählige unterschiedliche Verwendungen, können nach näherer Betrachtung allerdings synonym eingesetzt werden. Aufgrund der Einfachheit verwendet man gerne Empfehlung, Weiterempfehlung oder auch Kundenempfehlung. Aus dem Englischen ist Word-of-Mouth bekannt, was im Deutschen in Mundwerbung, Mund-zu-Mund-Werbung oder Mundpropaganda übertragen wurde.[195] Mundpropaganda wird am häufigsten verwendet, daher findet dieser Begriff in der vorliegenden Arbeit dafür Verwendung. Mundpropaganda ist die Weiterempfehlung von Produkten, Dienstleistungen, Marken und Unternehmen, die meistens mündlich überliefert wird, sowohl positiv als auch negativ. Weiterempfehlung basiert häufig, laut der Marketing-Literatur, auf einer Form des Nachverkaufsverhaltens. Allerdings sei die Nutzung eines Produkts oder Dienstleistung nicht unbedingt Voraussetzung. Informationen aus Werbung oder von Dritte können gleichwohl als Weiterempfehlung gesehen werden.[196] Mundpropaganda sei das Zauberwort des Web 2.0. Somit zähle eine klare Empfehlung eines guten Freundes, so *Langner*, mehr als hundert Werbeanzeigen. Auch die Wirkung eines Produkts oder einer Marke würde sich durch die Empfehlung aus dem Mund eines Freundes deutlich verstärken.[197] Mit den neuen Internet-Anwendungen hat sich eine perfekte Plattform für Mundpropaganda aufgetan, denn die Selbstvervielfältigung von Informationen ist ein zentraler Aspekt von Social Media, was der ursprüngliche Grundgedanke des Internets sei.[198] Insbesondere soziale Netzwerke dienen der digitalen Positionierung einer Meinungsäußerung. In seinem eigenen sozialen Netzwerk von Freunden und Bekannten sei man im Regelfall frei von wirtschaftlichen Interessen, wie sie aus der Werbung entstehen. Somit sei die Glaubwürdigkeit entsprechend hoch, wie *Urchs* in seinen Darstellungen kommentiert.[199] Folglich spielen Eigen-

---

[191] Vgl. Langner 2008, S. 659.
[192] Ebd.
[193] Vgl. Gruber 2008, S. 28.
[194] Vgl. Mielau 2010, S. 107.
[195] Vgl. von Wangenheim 2003, S. 55.
[196] Vgl. ebd., S. 55f. u. S. 79.
[197] Vgl. Langner 2008, S. 659.
[198] Vgl. Gruber 2008, S. 27f.
[199] Vgl. Urchs 2008, S. 675.

schaften wie Glaubwürdigkeit, Neutralität, Subjektivität, Eindeutigkeit, aber auch die Qualität der Inhalte und die Kenntnisse über Produkte eine entscheidende Rolle. Außerdem müsse bedacht werden, dass Verbraucher stets misstrauisch sind und alles ablehnen, das wie getarnte Werbung aussieht.[200] „Die Meinung eines Gleichgesinnten oder eines Freundes kann auf höhere Vertrauenswürdigkeit zählen als ein anonymer Webtext."[201] Der Grund, warum Konsumenten gegenüber Empfehlungen anderer so offen sind, basiert häufig auf der Unsicherheit im Entscheidungsprozess zu einem Kauf. Insbesondere Social Media könne hier entscheidende Einflüsse auf die Kaufentscheidung haben, wie bereits diverse Forschungsberichte zeigen. Laut der Studie ‚EIAA Online Shoppers 2008' bilden sich 40 Prozent der europäischen Online-Konsumenten zunächst eine Meinung über eine Marke nach einer intensiven Recherche im Internet. Die wichtigsten Informationsquellen sind persönliche Empfehlungen mit 72 Prozent und Ergebnisse in Suchmaschinen mit 76 Prozent.[202] Da Konsumenten solche Empfehlungen für glaubwürdiger halten, sinkt ihr Risiko einer Fehlberatung und die Kaufbereitschaft steigt stark an, so *Mühlenbeck*.[203] Die Dichte an Informationen nehme in ihrer Genauigkeit zu, je mehr Engagement die Konsumenten durch Empfehlungen zeigen. Die Komplexität an Botschaften könne somit reduziert werden.[204] „So ergibt sich schneller ein wenn nicht vollständiges, dann doch hinreichendes Bild, das auch die persönliche Relevanz von Botschaft und Produkt einschließt. Dies alles gibt Sicherheit im so beschleunigten Entscheidungsprozess."[205] Konsumenten suchen nach Orientierung bei der Kaufentscheidung und anderen Entscheidungsprozessen und nehmen folglich die Ratschläge und Empfehlungen ihrer sozialen Netzwerke auf.[206] „Es gibt eine Menge Werbeleute, die glauben, dass die Mundpropaganda, gerade weil Werbung und Marketing in unserem Alltag praktisch allgegenwärtig sind, die einzige Art der Überredung geworden ist, auf die die meisten von uns überhaupt noch reagieren."[207] So ist auch *Kroeber-Riel* der Ansicht, dass die wirkungsvollste Kommunikation für Konsumenten diejenige ist, bei der sie sich untereinander austauschen können, ohne von der Massenkommunikation tangiert zu werden.[208] Dabei betont *Langner*, dass Mundpropaganda nicht nur für Konsumenten, sondern auch für die Verbreitung von Werbebotschaften hochgradig effizient sei, da nicht das Unternehmen selbst diese verbreitet, sondern die Konsumenten. Diejenigen, die zum Beispiel eine Werbebotschaft auf Facebook posten, halten diese nicht für überflüssig, sondern sehen sie als wichtige Information an, die sie ihren Freunden mitteilen müssen.[209] „Die bewussten Konsumenten sind auf den Trend aufgesprungen, weil sie gemerkt haben, dass sich auf diesem Weg Individualität und eine kritisch-bewusste Haltung leben lassen."[210]

---

[200] Vgl. Huber 2010, S. 214ff.
[201] Mühlenbeck 2007, S. 95.
[202] Vgl. Gruber 2008, S. 27.
[203] Vgl. Mühlenbeck 2007, S. 78.
[204] Vgl. Mielau 2010, S. 111.
[205] Urchs 2008, S. 675.
[206] Vgl. Wenzel 2009, S. 41.
[207] Gladwell 2000, S. 42f.
[208] Vgl. Kroeber-Riel 2009, S. 542f.
[209] Vgl. Langner 2008, S. 659.
[210] Wenzel 2007, S. 36.

4.4.2 Produktbewertungen

Harris weist darauf hin, dass Kunden nur dann Rat geben würden, wenn sie auch explizit darum gebeten werden.[211] Einen anderen Charakter weisen Produktbewertungen auf. Konsumenten geben Bewertungen ab, obwohl sie nicht danach gefragt werden. Sie tun es aus freien Stücken. Aus diesem Grund seien insbesondere Bewertungsseiten eine gute Möglichkeit, um sich über Unternehmen und deren Produkte zu informieren, laut *Hettler*. Die Inhalte dieser Seiten leisten zumeist die Nutzer selbst, was wiederum zu ihrer Popularität und Glaubwürdigkeit beiträgt.[212] Genau wie bei Mundpropaganda sind Bewertungsseiten bei Geschäften im Netz sehr hilfreich und ein nützliches Medium. Schließlich sind im E-Commerce keine Fachverkäufer des Vertrauens zur Stelle. Hier schätzt man die Bewertungen der Konsumenten.[213] „Kundenbewertungssysteme im Internet sollen [...] unverfälschte Meinungen echter Kunden widerspiegeln. Dies ist auch nötig, denn die Zeiten, in denen sich Kunden blind auf die Versprechen der Händler verlassen haben, sind vorbei."[214] Wiederum spielt die Glaubwürdigkeit eine bestimmende Rolle. Wie auch bezüglich Empfehlungen vertrauen Konsumenten den Meinungen anderer deutlich mehr. Vor allem in der Reisebranche spielen Bewertungsportale eine wichtige Rolle. Generell sei eine Bewertungsplattform größten Teils schon kaufentscheidend. Besonders im Bezug auf die Präferenz.[215] Der Grund für die Glaubwürdigkeit, wie viele Konsumenten annehmen, ist, dass die Inhalte, von Nutzern im Social Web veröffentlicht, das reale Leben widerspiegeln. Sie präsentieren Meinungen, Gefühle, Interessen und Erlebnisse zu unterschiedlichen Themen, aber auch zu Unternehmen, Produkten, Dienstleistungen und Marken. Konsumenten nutzen daher gerne Social Media-Tools, um neben den Darbietungen der Unternehmen auch Erfahrungsberichte anderer zu konsumieren.[216]

> „Nach einer Studie vom Herbst 2006 hat im europäischen Durchschnitt ein Drittel der Internetnutzer schon einmal eine Dienstleistung nicht in Anspruch genommen oder ein Produkt nicht gekauft, weil sie negative Kommentare oder Kritiken anderer User im Internet gelesen haben. In Deutschland liegt der Wert bei 30 Prozent. Dies zeigt deutlich, wie stark soziale Netze die Kaufentscheidungen von Konsumenten bereits beeinflussen."[217]

Ramge allerdings betont in seinen Darbietungen, dass Kunden oft nicht richtig bewerten können. Ihr Wissen über die Produkte sei häufig eingeschränkt, was man von einem Experten nicht behaupten kann. Er rät hierzu, dass es besser wäre, positive Bewertungen zu ignorieren und besonders gut begründete Kritiken für die Entscheidung heranzuziehen. Doch allerdings müsse man dafür auch zwischen den Zeilen lesen, da viele dazu neigen, ihrem Frust im Internet freien Lauf zu lassen, was keine gute Grundlage für Qualitätsbewertungen sei.[218]

---

[211]   Vgl. Harris 1999, S. 24.
[212]   Vgl. Hettler 2010, S. 60.
[213]   Vgl. Ebersbach 2008, S. 118.
[214]   Henning 2010, S. 52.
[215]   Vgl. Mühlenbeck 2010, S. 61.
[216]   Vgl. Alt 2010, S. 9.
[217]   Knappe 2007, S. 47.
[218]   Vgl. Ramge 2010, S. 128.

Durch das Web 2.0 und Social Media findet eine Verlagerung der Produkthoheit statt. Die alleini-ge Beschreibungs- und Darstellungsgewalt liegt nicht mehr nur bei den Unternehmen.[219] Doch für diese könnten sich Vorteile erschließen, wenn sie lernen, damit umzugehen. Somit verdeut-licht zum einen *Hilker*, dass Bewertungsportale im Kontext der Online-Reputation wichtig sei[220], und zum anderen *Mahrdt*, dass Kundenbewertungen und -kommentare eine wichtige Funktion einnehmen, indem sie Orientierung schaffen und dabei helfen, Retourenquoten zu senken und das Vertrauen in die Marke oder den E-Shop zu stärken.[221] Folglich gibt es im E-Commerce mitt-lerweile auch explizit für diese Funktion eingerichtete Reputationssysteme, bei denen man regel-recht dazu aufgefordert wird, seine Meinung zu äußern. Amazon und eBay sind die Vorreiter dieses Konzepts, das darauf beruht, die Bewertungen der Teilnehmer zu sammeln, zu aggregie-ren und anschließend bereitzustellen. Somit entsteht nicht nur für die Nutzer der Plattform ein Vorteil, sondern auch für den Betreiber, der damit ökonomisch dazugewinnen kann.[222] In Zu-kunft können Bewertungsportale in allen Bereichen der Kaufentscheidung Einzug gewinnen, wie die folgende Grafik darstellt.

Abb. 6: Einfluss von Bewertungsportalen auf die Kaufentscheidung

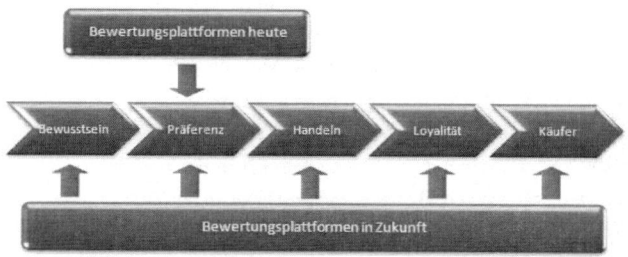

Quelle: In Anlehnung an Mühlenbeck 2010, S. 61.

4.4.3 Dialoghandel

Früher nahmen Verbraucher einfach nur das wahr, was sie in den klassischen Medien sahen oder lasen – ein Monolog, bei dem an Feedback nicht zu denken war. Die Kommunikationssituation hat sich allerdings weitestgehend verändert. Es ist ein Dialog entstanden, der durch das Internet gefördert wird. Somit finden Gespräche über Produkte statt, ob sich Unternehmen daran beteili-gen oder nicht.[223] „Unternehmen, die glauben, dass das, was in der ‚Online-Welt' gesagt wird, habe nichts mit der ‚realen Welt' zu tun, unterliegen einem folgenschweren Irrtum!"[224] Nach der vorangegangenen Diskussion über die Wichtigkeit von Empfehlungen und Bewertungen zeigt sich, dass die Medienkompetenz der Nutzer immer mehr zunimmt. Dadurch steigt auch ihre

---

[219]   Vgl. Hettler 2010, S. 78.
[220]   Vgl. Hilker 2010, S. 106.
[221]   Vgl. Mahrdt 2010, S. 121.
[222]   Vgl. Peters 2007, S. 43.
[223]   Vgl. Weinberg 2010, S. 17f.
[224]   Hünnekens 2009, S. 44.

Kontaktbereitschaft und letztendlich das Bedürfnis, aktiv am Markt teilzuhaben.[225] Es entstehe eine Erwartungshaltung bei den Konsumenten, so *Knappe*. Es ginge ihnen vor allem darum, dass der Kommunikationsprozess dynamisch ist. Durch das Web 2.0 und den Wandel des Informations- und Kaufentscheidungsprozesses ergebe sich für Unternehmen aber eine neue Möglichkeit, auf die Meinungsbildung der Konsumenten einzuwirken: Die Dialogorientierung auf Seiten der Organisationen.[226] „Dieses neue, aktive Verbraucherverhalten, das sich über Ebay und Amazon sowie über die Sozialmedien des Web 2.0 [...] immer mehr im persönlichen Mediennutzungsrepertoire niederschlägt, ist der Nährboden für einen neuen community-getriebenen ‚Dialoghandel' [...].[227]

Das Social Web hat einen Dialog- oder auch Empfehlungshandel ins Leben gerufen, indem Unternehmen immer häufiger dazu streben, ihren Konsumenten unterschiedliche Möglichkeiten der Beteiligung zu bieten.[228] Ursprünglich, so *Wenzel*, konnte man Informationen, Tipps oder Empfehlungen nur aus dem eigenen Verhalten ableiten. Heute hingegen würden enorme Anstrengungen unternommen werden, um die Beziehungen der Nutzer abzubilden.[229] Letztendlich bleibt den Unternehmen auch nichts anderes übrig. Heute fordere der Konsument von ihnen, dass sie sich in kommunikativer Hinsicht weiterentwickeln.[230] Auch soziale Netzwerke spielen innerhalb des Dialoghandels eine wichtige Rolle. Viele Onlineshop-Betreiber haben mittlerweile erkannt, wie wichtig die Kommunikation zwischen den Konsumenten selbst ist und bieten für solche Zwecke Diskussionsforen an. Soziale Netzwerke in Verbindung mit E-Commerce würden den Shop personalisieren, denn das Fehlen des persönlichen Kontakts und der individuellen Beratung, die es beim Online-Einkauf einfach nicht gibt, würde ansonsten entfallen.[231]

Unternehmen können von der starken Ausrichtung auf den Dialog profitieren. Durch das Geben von Feedback, Bewertungen und den aktiven Austausch wird signalisiert, dass wirkliches Interesse besteht. Es zeigt, dass man die Konsumenten ernst nimmt und ihr Urteil schätzt. Dadurch würde Wohlwollen gegenüber dem Fragenden entstehen und dem Unternehmen einen Mehrwert bieten.[232] Dialog bedeutet Zufriedenheit und Zufriedenheit bedeutet Empfehlung und positive Bewertung. Nur das alleine sei das beste Marketing. Denn schließlich ginge es nicht nur darum, möglichst hohe Profite zu generieren, sondern einen dauerhaften Erfolg zu verzeichnen, indem man Kunden langfristig bindet. Dies erfordere allerdings, dass man ihnen zuhört, auf sie eingeht und den Kontakt pflegt. Schließlich müssen Unternehmen und deren Produkte, Marken und Dienstleistungen auch empfehlenswert sein, argumentiert *Hilker*.[233] Insofern lautet ein abschließender Rat von *Weinberg* an die Unternehmen wie folgt: „Packen Sie die Gelegenheit beim Schopf und beteiligen Sie sich am Gespräch. In unserer digitalen Zeit wissen die Verbraucher

---

[225]   Vgl. Wenzel 2007, S. 81.
[226]   Vgl. Knappe 2007, S. 66 u. S. 90.
[227]   Wenzel 2009, S. 81.
[228]   Vgl. Huber 2010, S. 100.
[229]   Vgl. Wenzel 2009, S. 85f.
[230]   Vgl. Knappe 2007, S. 66.
[231]   Vgl. Stormer 2007, S. 68.
[232]   Vgl. Huber 2010, S. 136.
[233]   Vgl. Hilker 2010, S. 82.

Firmen zu schätzen, die transparent und kommunikativ sind, und es ist nie zu spät, mir Ihren Kunden zu kommunizieren. Diese warten nur darauf."[234]

4.5 Die Einflussfaktoren von Social Media

„Von Apple-Gründer Steve Jobs stammt das berühmte Zitat: ‚Wenn ich fernsehe, schalte ich mein Gehirn ab. Wenn ich am Computer sitze, schalte ich es ein.'"[235] Und immer mehr nimmt das Web 2.0 Einfluss auf das Leben. Insbesondere Social Media hat ein enormes Gewicht im Bezug auf die Entscheidungsprozesse und das Kaufverhalten, wie folgendes Kapitel zeigen soll.

4.5.1 Einfluss auf das Kaufverhalten

Wie bereits festgestellt wurde, ist einer der wichtigsten Faktoren für die Kaufentscheidung Mundpropaganda. Klassische Werbung sei hingegen häufig eine kostenintensive Luftnummer, so *Hünnekens*. Infolgedessen haben sich auch das Kaufverhalten und die Entscheidungsgrundlage weitgehend geändert.[236] Social Media unterstützt die Konsumenten in ihrer Entscheidungsfindung. Insbesondere Bezugsgruppen, wie Freunde in den sozialen Netzwerken, entscheiden immer mehr mit, wie man sich selbst und die Umwelt wahrnimmt. *Forscht* ist der Ansicht, dass Bezugsgruppen einen wachsenden sozialen Anpassungsdruck ausüben. Er unterscheidet hierbei zwei Funktionen einer Bezugsgruppe: zum einen die komparative Funktion, die die Maßstäbe für individuelle Wahrnehmungen, Meinungen und Urteile liefert, und zum anderen die normative Funktion, die Normen für das Verhalten vorgibt.[237] *Noel* bezeichnet eine Bezugsgruppe als einen bestimmten Personenkreis, mit dem sich einzelne Verbraucher bei der Bildung ihrer Einstellungen und Verhaltensweisen vergleichen würden.[238] Insbesondere Social Media übt durch die Unterstützung der interpersonellen Beziehungen zwischen den Nutzern, die Entstehung der Netzwerkeffekte mit einem authentischen Informationswert und den offenen Dialog einen enormen Einfluss auf das Kaufverhalten aus. Erfahrungswerte seiner eigenen Bezugsgruppe, die sich vor allem in Social Networking Plattformen wie Facebook oder MySpace abzeichnen, stellen mittlerweile eine wichtige Grundlage für das Konsum- und Kaufverhalten dar.[239]

Grundsätzlich würden die Menschen dazu neigen, wie andere zu denken und sich wie sie zu verhalten. Besonders wenn Situationen unklar oder mehrdeutig sind, so *Prack*, nehmen sie die Verhaltensweisen anderer Menschen an.[240] Fertige Meinungen würden an Gewicht dazu gewinnen aufgrund der immer wieder zunehmenden Wahlalternativen an Produkten, Dienstleistungen und Marken. Außerdem würde sich ein Teil des Wahrnehmungshorizontes in den Bereich Social Media und virtuelle Netzwerke verlagern, weil soziale Empfehlungen das individuelle Scannen und

---

[234]   Weinberg 2010, S. 18.
[235]   Schneider 2001, S. 89f.
[236]   Vgl. Hettler 2010, S. 74f.
[237]   Vgl. Forscht 2007, S. 130f.
[238]   Vgl. Noel 2010, S. 17.
[239]   Vgl. Mielau 2010, S. 111.
[240]   Vgl. Prack 2010, S. 81.

Filtern von Informationen ersetze.[241] Da soziale Netzwerke zumeist Interessengemeinschaften sind, bündelt sich hier auch die Kaufkraft und stellt somit eine wirkungsvolle Strategieoption dar. Als Vorteil ist hierbei zu sehen, dass Konsumenten sich selbst mit den Informationen bezüglich Produkten, Marken und Dienstleistungen versorgen und die Produktkompetenz bzw. Abnehmerqualifikation dadurch gesteigert wird. In sozialen Netzwerken werden außerdem Wechselbarrieren geschaffen, womit sich die Konsumbereitschaft erhöht.[242]

„Beim Kaufentscheidungsprozess sind vor allem drei Berührungspunkte hierfür ausschlaggebend: Die Suche nach Informationen, der Vergleich von Alternativen und das Verhalten nach dem eigentlichen Kauf."[243] Generell geht man davon aus, dass ein Konsument rational entscheidet, d.h. dass dieser zuerst Informationen für seine Entscheidung sucht und diese unterstützend zu dem nimmt, was er selbst bereits über das Produkt weiß. Danach werden Vor- und Nachteile miteinander verglichen und daraufhin wird letztendlich die Kaufentscheidung getroffen.[244] Soziale Netzwerke beeinflussen den Kaufentscheidungsprozess in jeder Phase, von der Informationssuche bis hin zur Nachkaufevaluierung. Bisher gestaltete die individuelle Wahrnehmung die Meinungsbildung und war somit die Basis für die Kaufentscheidung. Heute, insbesondere durch soziale Netzwerke, üben Informationen, Erfahrungen, Berichte und Bewertungen anderer Einfluss auf das eigene Kaufverhalten und den Kaufentscheidungsprozess.[245]

4.5.2 Social Media Affiliate Marketing

Klassisches Affiliate Marketing sei so alt wie der Handel selbst, so *Kösters*. Ursprünglich wird diese Art des Marketings verwendet, um die potentiellen Kunden auf die eigene Webseite zu locken. Das heißt, dass so genannte Partner, Publisher oder Affiliates Produktempfehlungen auf für die Zielgruppe attraktive Webseiten platzieren und somit auf die Anbieter hinweisen. Diese Partner erhalten dann bei Verkaufsabschluss eine Umsatzbeteiligung. Dies gab es schon auf den Märkten im Orient[246] und gibt es heute wieder in der Online-Welt. Da mittlerweile auch die Online-Shop Betreiber realisiert haben, dass viele Konsumenten ihre Informationen aus dem Web 2.0 beziehen, nutzen diese auch gerne Preisvergleichsportale, um dort positiv aufzufallen. Es sei immer wichtiger, in diesen Portalen verzeichnet zu sein, so *Schönbeck*.[247] Basis für erfolgreiches Affiliate Marketing ist zu wissen, wo sich die Zielgruppe aufhält. Soziale Netzwerke bieten hierfür die ideale Grundlage. Häufig schließen sich, wie bereits erwähnt, die gleichen Interessengruppen in Netzwerken zusammen und bieten dabei den idealen Nährboden für erfolgreiches Affiliate Marketing in Social Media.[248] Außerdem besteht eine zumeist aktive und regelmäßige Nutzung der User und diese seien vermehrt dazu bereit, freiwillig Informationen über sich und die Vorlie-

---

[241] Vgl. Knappe 2007, S. 56.
[242] Vgl. Schweitzer 2008, S. 47f.
[243] Mielau 2010, S. 111.
[244] Vgl. Noel 2010, S. 22.
[245] Vgl. Renker 2008, S. 76ff.
[246] Vgl. Kösters 2008, S. 387.
[247] Vgl. Schönbeck 2008, S. 411.
[248] Vgl. Bender 2008, S. 179f.

ben zu geben, was eine eindeutige Zielgruppenansprache für Affiliates möglich macht. Nischen können dadurch erfolgreich besetzt werden, so *Thomsen*. Social Media Plattformen bieten zudem auch nahezu unendlich viele Werbemöglichkeiten wie z.b. Social Games auf Facebook, in denen Werbemittel problemlos und attraktiv integriert werden können.[249]

Im Social Media Bereich spricht man im Bezug auf Affiliate Marketing häufig auch von Crowdshopping. Es geht darum, gezielt Empfehlungen für Produkte, Marken oder Dienstleistungen auszusprechen und dafür eine Provisionsbeteiligung zu erhalten. Affiliate Marketing an sich beinhaltet hingegen das Einbinden eines Links auf die entsprechende Empfehlungsplattform. Dies ist wohl auch der Grund, warum man hier von einem neuen Trend spricht. Konsumenten sprechen Empfehlungen aus und nicht die Unternehmen selbst. Wie bereits festgestellt wurde, hat dies eine deutlich effektivere Wirkung. Allerdings muss bedacht werden, dass die Konsumenten in sozialen Netzwerken zunehmend wachsamer werden, denn schließlich wissen sie nicht, ob die Empfehlung nun authentisch ist oder vielleicht sogar vom Inhaber selbst ausgeführt wurde.[250] Ist ein Konsument allerdings begeistert von einem Produkt, veröffentlicht er diese Informationen häufig auch freiwillig auf sozialen Netzwerken wie Facebook. Jeden Tag werden interessante Produkte, Marken oder neue Werbespots gepostet. Social Media Affiliate Marketing findet somit geradezu unweigerlich statt. Auch Consumer Generated Advertising ist hierbei ein Begriff, denn Konsumenten erzeugen immer wieder Inhalte, die werblichen Charakter besitzen.[251] Aus diesem Grund kürte auch das Magazin ‚Advertising Age' den Konsumenten zur Werbeagentur des Jahres.[252]

4.6 Der Einfluss von Social Media auf das E-Commerce

Konsumenten, die häufig Angebote des Web 2.0 und Social Media nutzen, haben eine Tendenz zum Online-Handel, so die Aussage von *Rudolph*.[253] Daher ist es auch nicht verwunderlich, dass viele der Ansicht sind, dass das E-Commerce in Zukunft nicht mehr auf die Nutzung von Social Media-Tools verzichten könne.[254] Dadurch entstehen neue Beziehungen mit den Kunden; sie werden zu Kommentatoren, Entwicklern, Marketing-Experten und Testern. „Wer heute als Anbieter die Chance erkennt, die die Human Resources seines Unternehmens in einer scheinbar entpersönlichten Geschäftswelt mit sich bringen, wird ganz klar auf der Siegerseite stehen."[255]

4.6.1 Das neue Verhältnis zum Kunden

Noch vor Jahren wurden Informationen über Kunden und ihr Kaufverhalten im Internet in Form von Klicks, Page Impressions oder verkauften Produkten gesammelt. Dadurch entstand eine rie-

---

[249]   Vgl. Thomsen 2010, o.S.
[250]   Vgl. Mühlenbeck 2007, S. 202ff.
[251]   Vgl. Unterberg 2008, S. 209.
[252]   Vgl. Wenzel 2007, S. 90.
[253]   Vgl. Rudolph 2007, S. 192f.
[254]   Vgl. Wenzel 2007, S. 81.
[255]   Scheelen 2001, S. 23.

sige Datenmenge, mit der man letztendlich nicht viel anfangen konnte. Heute jedoch bietet der persönliche Kontakt mit den Kunden auch persönliche Kundeninformationen, die allein auf dem Austausch von Erfahrungen basieren. *Modahl* vergleicht den Informationsaustausch zwischen Unternehmen und Kunde mit einem Paartanz: Viele kleine Schritte führen zu einem Gesamteindruck und müsse auch erst einmal erlernt werden. Fügen sich die Schritte allerdings zusammen, entstehe eine Harmonie.[256] Informationen durch Bewertungen, Empfehlungen und die direkte Kommunikation mit dem Unternehmen sowie die Kommunikation zwischen den Konsumenten seien daher unverzichtbar für das E-Commerce.[257]

Laut *Behrens* gibt es vier wesentliche Nutzendimensionen für E-Commerce, die sich durch das Internet herauskristallisiert haben: Zum einen könne die Preis- und zum anderen die Produktverfügbarkeit mit dem stationären Handel mithalten. Außerdem könne ein Erlebnisgefühl geschaffen werden, wie es bisher nur offline der Fall war. Durch Social Media ergibt sich allerdings eine vierte Dimension. Die Kunden können in die Wertschöpfungskette integriert werden. Man berücksichtige dadurch noch mehr die Vorstellungen und Wünsche der Konsumenten.[258] Entscheidend für das neue Verhältnis zum Kunden ist besonders die Integration. Häufig werden Kunden als Co-Produzenten eingesetzt, d.h. sie werden in den Prozess der Leistungserstellung mit einbezogen. Interaktive Medien wie soziale Netzwerke können einen direkten Austausch zwischen Unternehmen und Kunden ermöglichen, dadurch eine maßgeschneiderte Lösung bereitstellen und die Kundenbedürfnisse zufriedenstellen.[259] *Schlömer* spricht hierbei von einem Wandel vom E-Commerce zum I-Commerce, also zum Interactive Commerce. Ziel ist es, über Interaktivität mit dem Kunden eine langfristige Kundenbindung aufzubauen und einen Interactive Consumer zu kreieren. 5 Is sind hier für ihn entscheidend: Innovation, Interaktion, Individualisierung, Instrumentalisierung und Integration.[260] Durch die Beobachtung der Diskussionen über Produkte und Dienstleistungen eines Unternehmen oder E-Shops kann wertvolles Wissen für die Produktentwicklung gewonnen werden. Konsumenten können in die Gestaltung neuer Produkte, deren Tests sowie in die Verbesserung bestehender Produkte einbezogen werden. Indem eine direkte Kommunikation mit den Konsumenten stattfindet und sie so in die Produktentwicklung wie auch -verbesserung involviert werden, steigt die Wahrscheinlichkeit für den Erfolg einer Produkteinführung. Auch weiterhin dienen sie nach dieser Einführung als Tester der Produkte, indem sie in sozialen Netzwerken offen ihre Meinung äußern.[261] „Außerdem agieren sie als Meinungsführer und schärfen den Blick für Zukunfttrends und neue Anwendungsbereiche."[262]

---

[256]   Vgl. Modahl 2000, S. 171ff.
[257]   Vgl. Boersma 2010, S. 37.
[258]   Vgl. Behrens 2010, S. 16f.
[259]   Vgl. Garczorz 2001, S. 143ff.
[260]   Vgl. Schlömer 2001, S. 183ff.
[261]   Vgl. Förster 2002, S. 191.
[262]   Ebd., S. 187.

Abb. 7: Kundeneinbindung und -interaktion in verschiedenen Geschäftsprozessen

Quelle: In Anlehnung an Haug 2010, S. 118.

Das veränderte Verhältnis zwischen Unternehmen und Kunden sei besonders dadurch gekenn-zeichnet, dass keine eindimensionale Kommunikation mehr stattfindet und Prozesse wie Mar-kenbindung nicht mehr alleine vom Unternehmen bestimmt werden. Der Kunde übt einen gro-ßen Einfluss aus, der nicht mehr zu vermeiden sei, so *Haug*. Vielmehr sollten Unternehmen das positive Potenzial des Kundenwissens in allen Geschäftsprozessen nutzen.[263] Insbesondere durch Social Media gewinne das Einbeziehen des Konsumenten als aktiven Stakeholder im Unterneh-men an Bedeutung. Es entstehen Customer Relations, also Kundenbeziehungen.[264] Daher erwar-tet der E-Commerce-Kunde auch eine partnerschaftliche und kommunikative Beziehung. Ist dies nicht der Fall, dann kauft dieser, nur einen Mausklick entfernt, woanders. Erst persönliche Be-ziehungen und das Einbeziehen der Konsumenten in jeglicher Hinsicht tragen zu einem ertrag-reichen E-Commerce bei.[265] Die Grundidee bestehe daher darin, User zu Themen zu inspirieren und Beratung anderer zuzulassen, um dann von den Nutzern zu lernen.[266] „So betrachtet hat jedes Unternehmen ein Riesenheer von Verkäufern: die eigenen Kunden – wenn es gelingt, diese Kunden zu begeisterten Partnern zu machen."[267] Somit werden, laut *Heinemann*, nur die Unter-nehmen Gewinner im Online-Handel sein, die es verstanden haben, Web 2.0-Angebote und Social Media für die Kundengewinnung und -bindung einzusetzen.[268]

4.6.2 Die Wichtigkeit von Interaktion und Kommunikation

„Die neue Dynamik, die der Internethandel durch das Prinzip der Interaktivität und Nutzerbetei-ligung erfährt, birgt neue Chancen für den E-Commerce."[269] Jahrzehnte funktionierte klassische Werbung nach dem Stimulus-Response-Modell, d.h. man sendete Reize und die Empfänger rea-gierten oder auch nicht. Genannt wurde diese Art der Kommunikation Push-Kommunikation. Heute allerdings, mit dem Einzug der sozialen Netzwerke, ist vermehrt eine Pull-Kommunikation zu erkennen. Hierbei geht es darum, seiner Zielgruppe zuzuhören. Vor allem Social Media bietet die Möglichkeit, mit dem Kunden zu kommunizieren, zu kooperieren und diesen als Teil der ei-

---

[263]   Vgl. Haug 2010, S. 118.
[264]   Vgl. Behrens 2010, S. 17.
[265]   Vgl. Scheelen 2001, S. 26.
[266]   Vgl. Boersma 2010, S. 36f.
[267]   Geffroy 1999, S. 80.
[268]   Vgl. Heinemann 2010b, S. 6f.
[269]   Behrens 2010, S. 18f.

genen Wertschöpfungskette anzusehen. Die Pull-Kommunikation fördere die Selbstständigkeit der Zielkunden, indem sie aktiv werden und angebotene Informationen und Services abfragen und nutzen. Diese Art der Offenheit und Transparenz erlaubt es Unternehmen, einen individuellen Dialog mit den Konsumenten zu führen und sie zur Mitgestaltung zu bewegen.[270]

Signifikanten Einfluss auf den Erfolg des E-Commerce hat das Einbinden von User Generated Content, insbesondere in Form von Produktbewertungen. Dadurch können Retouren-Senkungen oder höhere Konversationsraten erreicht werden.[271] Diese Maßnahmen können auch als Kundenbindungsmaßnahmen verstanden werden. Durch die Kommunikation und Interaktion der Kunden untereinander und mit dem Unternehmen steht detailliertes Wissen über die einzelnen Konsumenten bereit, an dem der Online-Handel seine Maßnahmen anpassen kann. Auch hier weist *Heinemann* auf die Vorteile hin, welche in Form von Kostensenkung, Umsatzsteigerung und Wachstum verbunden sei.[272] Weitere ökonomische Effekte sind aus der folgenden Tabelle abzulesen.

Tab. 1: Ökonomische Effekte der Kundenbindung

Erlös erhöhen	Kosten senken
• Wiederholungskäufe	• Senkung der Transaktionskosten
• Cross-buying	• Verminderte Streuverluste im Marketing
• Höhere Kauffrequenz und -intensität	• Sinkender Neukunden-Akquisitionsanteil
• Verbesserte Preisbereitschaft	• Rationalisierungseffekte
• Weiterempfehlung	• Lerneffekte

Quelle: Heinemann 2010a, S. 49.

Weiterempfehlungen gelten als sehr wirksam im Bezug auf Kundenloyalität. Empfiehlt ein Kunde ein Produkt oder Unternehmen weiter, muss er von diesen auch überzeugt sein.[273] Im E-Commerce sei daher die Loyalität als Basis für Kundenbindung anzusehen. Der Fokus liege besonders in der Interaktion. Social Media in Form von sozialen Netzwerken seien interaktionsorientierte Anwendungen, so *Möhlenbruch*, und fördere daher die Loyalität der Kunden.[274] Kundenorientiertes E-Commerce orientiere sich als Basis des Geschäftsmodells an der Interaktion. Vielmehr ginge es dabei um die Verbindung der Internetnutzer miteinander, als um die Interaktion zwischen Hersteller und Nachfrager.[275] Die Kommunikationsverantwortlichen haben in diesem Bereich insbesondere die Aufgabe, entsprechende Multiplikatoren zu finden, die zum Beispiel als Moderatoren mit anderen Konsumenten interagieren, mal etwas erklären oder erörtern. Verantwortliche der Unternehmen können dadurch das Ruder übernehmen oder zumindest steuern. Eine Darstellung schwieriger Umstände, wie zum Beispiel zu erklären, warum es keine Preisrabatte gibt oder Produkte in einer bestimmten Größe oder Menge nicht zu bestellen

---

[270]   Vgl. Hettler 2010, S. 75f.
[271]   Vgl. Haug 2010, S. 123.
[272]   Vgl. Heinemann 2010a, S. 48.
[273]   Vgl. von Loewenfeld 2006, S. 218f.
[274]   Vgl. Möhlenbruch 2007, S. 209.
[275]   Vgl. Schlömer 2001, S. 189.

sind, unterstützt den Wunsch der Konsumenten, mit dem Unternehmen in Kontakt zu treten. Betroffene nehmen die Interaktion im E-Commerce durch eine offene, transparente und ehrliche Kommunikation als positiv wahr.[276] Somit sind die Verantwortlichen besonders dafür zuständig, auf die geführten Dialoge zu achten. Entscheidend sei, im Blick zu haben, wie die Kunden Unternehmen und Produkte wahrnehmen und sich an einem offenen, ehrlichen und transparenten Meinungsaustausch zu beteiligen. Durch Zuhören und Beteiligen könne man erst wissen, was gut und was schlecht ist, und die Chance erhöhen, Vertrauen aufzubauen.[277] Des Weiteren kann eine Verbesserung des Kundenservice verfolgt werden. Social Media gilt hier als besonders hilfreich, weil wiederum ein direkter Dialog mit dem Unternehmen stattfindet. Als Beispiel fungiert das Modeunternehmen ‚BonPrix', welches auf der eigenen Facebook Seite die gezielte Strategie, ihren Kunden zu helfen und bei Bestellungen, Wünschen und Anregungen offen gegenüber zu stehen, verfolgt.

Abb. 8: BonPrix auf Facebook

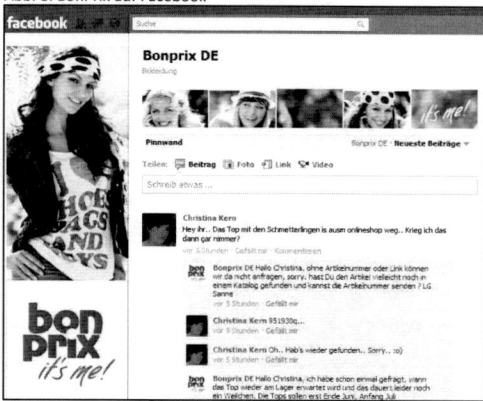

Quelle: http://www.facebook.com/bonprixDE

Der direkte Dialog und die Interaktion und Kommunikation mit den Konsumenten steigern die Kundenbindung und Kundenzufriedenheit. Wer allerdings generell auf den Kundendialog via Social Media verzichte, verschenkt ein enormes Kommunikationspotential und vergeudet mögliche Marktvorteile, die letztendlich von der Konkurrenz genutzt werden, wie *Hettler* argumentiert. Die Markenpräsenz kann durch die gezielte Nutzung von Social Media-Anwendungen deutlich gesteigert werden. Beiträge, sowohl positiver als auch negativer Natur, können von allen konsumiert werden, d.h. der Ausstrahlungseffekt in die Öffentlichkeit erhöht die Wirkung des Dialogs. Letztendlich bietet Social Media auch einen Vermenschlichungs-Effekt. Greift man hier das Beispiel ‚BonPrix' wieder auf, ist deutlich zu erkennen, dass Menschen hinter dem Unternehmen und der Seite stehen, denn sie beenden ihre Antwort immer mit dem eigenen Vorna-

---

[276] Vgl. Huber 2010, S. 24f.
[277] Vgl. Weinberg 2010, S. 18.

men. Das Unternehmen erhält ein Gesicht. Generell gelten Unternehmen eher als anonym und sind nur durch ihre Top-Manager und ihr Engagement in der Gesellschaft bekannt. Social Media allerdings trägt dazu bei, eine Personalisierung zu erreichen.[278] Das E-Commerce biete mittlerweile einprägsame und interaktive Erlebnisse durch Social Media-Angebote. Hinzu kommt, dass Kunden ihr Konsumerlebnis auch teilen möchten, wodurch soziale Netzwerke vermehrt in den Fokus rücken. Dabei bieten sich nicht nur für Konsumenten neue Umgebungen der Kommunikation und Interaktion, sondern auch für Unternehmen, sich mit ihren Kunden intensiver auseinander zu setzen und auszutauschen.[279]

4.7   Hypothese *H2*

Ziel des Kapitels 4 ist es, die Hypothese *H2* auf ihren Wahrheitsgrad zu untersuchen. Zu Anfang wurden zunächst die neuen Käuferprofile beleuchtet, welche durch das Web 2.0 und Social Media entstanden sind. Diese stellen die Basis für ein neues Verhalten der Konsumenten dar und bewirken des Weiteren die Wichtigkeit persönlicher Empfehlungen und Bewertungen von Freunden oder auch Fremden. Es hat sich gezeigt, dass das Internet die Suche nach Informationen vereinfacht und diese für die Bewertung und Kaufentscheidung sowie im Kaufentscheidungsprozess häufig herangezogen wird. Traditionelle Werbung hat in der heutigen Zeit nur noch eine geringe Wirkung auf die Konsumenten.

Somit hat dieses neue Kaufverhalten auch einen erheblichen Einfluss auf das E-Commerce. Kunden erwarten von den Unternehmen zunehmend die Bereitstellung von Bewertungsmöglichkeiten, Interaktion und Kommunikation untereinander, aber auch Offenheit und Transparenz gegenüber den Konsumenten und einen direkten Dialog mit dem Unternehmen. Insbesondere Social Media-Anwendungen unterstützen diese Erwartungen und eröffnen den E-Commerce-Betreibern die Möglichkeit, an einem direkten Austausch mit ihren Kunden teilzunehmen. Besonders der Wunsch nach individuellen Produkten fördert die Interaktion und ermöglicht sowohl für Konsumenten als auch für Unternehmen gemeinsam an Produktentwicklungen, Vermarktung und Service zu arbeiten. Das heißt, dass Kunden häufig in alle Geschäftsprozesse einbezogen und somit zum Partner des Unternehmens werden können. Dies reduziert zum einen den Aufwand und die Kosten für Unternehmen und steigert zum anderen die Kundenbindung und die Loyalität. Letztendlich kann man sagen, dass sich die Hypothese bestätigt hat und sich durch die Forderungen der Konsumenten durchaus auch Chancen für Unternehmen ergeben.

---

[278]   Vgl. Hettler 2010, S. 74 u. 116ff.
[279]   Vgl. Heinemann 2010b, S. 15.

5. Social Commerce – „Märkte sind Gespräche"[280]

Das Cluetrain-Manifest aus dem Jahr 1999 besitzt auch heute einen hohen Stellenwert. Hierbei handelt es sich um eine Sammlung von 95 Thesen über das Verhalten von Unternehmen und Kunden im Zeitalter des Internets. Inhalt ist zum einen das Potenzial eines globalen Austauschs von Informationen und zum anderen das darauf resultierte kooperative Verhalten der Kunden.[281] Die erste These steht in diesem Kapitel im Mittelpunkt: „Märkte sind Gespräche. Nie war der Austausch über Produkte größer, nie wurde mehr gesucht, empfohlen, getestet und bewertet als heute. Und: Nie wurde mehr Gebrauchtes und Selbstkreiertes verhökert als heute. Das ist der Kern des Social Commerce [...]."[282]

Untersuchungsgegenstand dieses Kapitels ist die Hypothese *H3*. Entscheidend ist, ob ein Einfluss auf die Reputation und damit die Kundenbindung besteht und wiederum, ob eine Absatzerhöhung durch Social Commerce möglich ist. Diese Hypothese dient des Weiteren als Grundlage für die durchzuführende Befragung unter den Sellaround-Nutzern.

H3:   Social Commerce ermöglicht eine signifikante Absatzerhöhung und verstärkt die Reputation und Kundenbindung.

5.1 Durch Social Media von E-Commerce zu Social Commerce

Ursprünglich war die Beziehung zwischen den Kunden und den Unternehmen eher einseitig. Unternehmen übernahmen die Rolle der Produzenten und stehen mit ihren Produkten im Mittelpunkt, während die Kunden schlichtweg Konsumenten waren. Außerdem stellt das klassische E-Commerce eine Hürde für die Interaktion untereinander dar und sei daher schwer bis gar unmöglich. Somit konnten Kunden sich auch nicht über ihre Einstellungen, Erfahrungen oder Zufriedenheit äußern.[283] Durch die bereits beschriebenen Veränderungen durch das Web 2.0 und insbesondere Social Media sei Social Commerce die logische Konsequenz. Hier wird im Bereich Commerce die zwischenmenschlichen Beziehungen und Interaktionen in allen Ebenen des Kaufentscheidungsprozesses in den Vordergrund gestellt. E-Commerce bekomme dadurch eine zusätzliche kommunikations- und kooperationsorientierte Ebene.[284] Die Folge sei, dass Kunden nicht mehr passiv agieren, sondern selbst Beiträge leisten. Nicht nur die Technik spiele im Bezug auf Web 2.0 eine Rolle, sondern die grundsätzliche Entwicklung der Konsumenten hin zu einer starken und freiwilligen Beteiligung, die durch die Technik ermöglicht und erleichtert wird.[285] Zentrales Problem des Online-Kaufs bestand früher darin, dass die persönliche Note fehlte. Erst durch soziale Netzwerke und spezielle Plattformen sei Social Commerce möglich. Konsumenten

---

[280]   Wenzel 2007, S. 88.
[281]   Vgl. Renker 2008, S. 39.
[282]   Wenzel 2007, S. 88.
[283]   Vgl. Richter 2007, S. 3f.
[284]   Vgl. Behrens 2010, S. 18.
[285]   Vgl. Richter 2007, S. 2.

agieren heute als Co-Produzent, Co-Designer und Verkäufer.[286] Diese Sozialisierungsfunktion des neuen Web mit den sozialen Angeboten sei die Wurzel des Social Commerce und Gespräche seien somit Basis und Antreiber der Märkte.[287] Diese Entwicklung des E-Commerce, durch Social Media beeinflusst, wird in der folgenden Grafik dargestellt.

Abb. 9: Durch Social Media zu Social Commerce

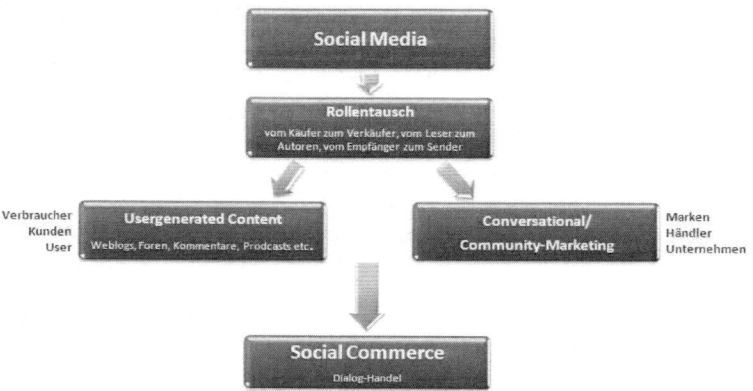

Quelle: In Anlehnung an Wenzel 2007, S. 85.

Das Potential für das E-Commerce, den Wünschen und Bedürfnissen nachzugehen und Wissen zu generieren, eröffnet der Social Graph, d.h. Personen, die sich in sozialen Netzwerken finden lassen und die Weisheit der Masse repräsentieren. Die Identifikation sei entscheidend, um einen große Masse zu erreichen, Mehrwerte der Marken zu generieren und den Social Graph als Kaufberater interagieren zu lassen.[288] Daher nutzen Marken und Händler Social Media-Angebote, um eine große Masse zu erreichen, auch für den Verkaufsprozess. Aus Freunden und Bekannten werden Affiliates, um dem wachsenden Bedürfnis der Konsumenten nach persönlicher Beratung gerecht werden zu können.[289]

5.2 Social Commerce – Definition

5.2.1 Definition

„Im Dezember 2005 taucht der Begriff Social Commerce in einem Weblog des US-amerikanischen Marketing-Strategen Steve Rubel erstmalig auf, der damit den Empfehlungshandel als neue Form des Online-Handels benennt [...]"[290] Zusammenfassen lasse sich der Begriff Social Commerce, so *Qualman*, in das Suchen, das Marketing und die Transaktionsaspekte von

---

[286] Vgl. Boersma 2010, S. 36.
[287] Vgl. Wenzel 2007, S. 85.
[288] Vgl. Negelmann 2009, o.S.
[289] Vgl. o.V. 2011a, o.S.
[290] Huber 2010, S. 100.

Social Media. Dahinter stecke die einfache Idee, dass Menschen die Meinungen anderer Menschen schätzen.[291] Social Commerce sei also die konkrete Ausprägung des elektronischen Handels, bei der eine aktive Beteiligung und eine persönliche Beziehung der Kunden untereinander sowie deren Kommunikation stattfindet.[292] Dies sei allerdings erst durch die neuen Web-Technologien möglich, die die Basis für ein internettypisches Gemeinschaftsgefühl bieten.[293] Somit sei Social Commerce auch dadurch gekennzeichnet, dass eine starke Vernetzung der Angebote und Teilnehmer besteht. Der virale Effekt sei erst dann möglich, wenn persönliche Bindungen in sozialen Netzwerken und auch technisch unterstützte und teilweise automatisierte Verknüpfungen im Online-Handel geboten werden.[294] *Schäfers* reiht Social Commerce in die Kategorie des Konsumentenverhaltens ein. Entscheidend sei das aktive Teilhaben am Prozess und das Shopping-Erlebnis.[295]

Mit Hilfe von Social Media lassen sich die Konsumenten in den eigentlichen Kaufprozess einspannen. Allerdings sei das nicht alleine schon Social Commerce. Social Media in Verbindung mit Social Media-Tools rege den Kaufimpuls nur an und durch Produktbewertungen erzeugen Konsumenten lediglich SEO. Produktorientierung, Bedarfsdeckung und Bedarfsweckung stehen hierbei im Mittelpunkt und haben einen noch sehr starken Produktfokus. Der Mensch diene dabei nur als Erfüllungsgehilfe. Social Commerce in seiner Reinheit allerdings beschreibt zwar das Thema Verkauf, allerdings stehe nicht das Produkt im Mittelpunkt, sondern vielmehr der Mensch. Die Anbieter stehen also nicht im Wettbewerb um Reichweite oder Transaktionen, sondern um die Aufmerksamkeit des Konsumenten.[296]

In der Marketing-Hysterie wird Social Commerce häufig als der Megatrend bezeichnet. Manche sind der Ansicht, dass diese Sichtweise den wirklichen Sinn dahinter verschleiert, indem man es kompliziert redet oder sich zu einfach vorstellt. Megatrend sei somit übertrieben, da man zwar im Moment bereits damit experimentiere, aber 90 bis 95 Prozent noch klassisches E-Commerce betreiben und es sich erst langsam entwickelt.[297] Andere wiederum sagen, dass Social Commerce deshalb kein Megatrend sei, da diese Mechanismen auf einem völlig natürlichen menschlichen Verhalten basieren. Menschen seien von Natur aus sozial, daher habe sich Handel und soziale Interaktion schon seit jeher vermischt. Die Tools des Web 2.0 erst haben diese Konsumimpulse und Vorlieben ausgedehnt und beeinflussen somit den E-Commerce.[298] Bereits bevor der Begriff Social Commerce überhaupt in aller Munde war, gab es schon zwei Anbieter, die sich Gedanken zur sozialen Interaktion gemacht haben.

---

[291]   Vgl. Qualman 2010, S. 91.
[292]   Vgl. Huber 2008, S. 157.
[293]   Vgl. Boersma 2010, S. 36.
[294]   Vgl. Nitsche 2008, S. 692.
[295]   Vgl. Schäfers 2010, S. 308.
[296]   Vgl. Graf 2010, o.S.
[297]   Vgl. o.V. 2010a, o.S.
[298]   Vgl. o.V. 2009, o.S.

5.2.2 Vorreiter des Social Commerce

Haderlein nennt als Pionier des Social Commerce das französische Unternehmen Zlio (www.zlio.com), bei dem man als Mitglied der Community Geld für Empfehlungen erhält.[299] Allerdings schildert die Mehrheit der Autoren zwei Anbieter als die Pioniere des Social Commerce, denn erste Elemente konnte man bei diesen schon Jahre vor dem Hype um Social Media beobachten.[300]

Die ersten Erfolgsmodelle, die sich die Elemente Social Web aneigneten, waren Auktionsplattformen, allen voran eBay. Durch eine kluge Produktpolitik, strategisches Investment und exzellentes Marketing erwies sich eBay als sehr erfolgreich, denn erst durch soziale Interaktion von Anbieter und Nachfrager, so *Breyer-Mayländer*, wäre dieser Erfolg überhaupt möglich.[301] eBay vermittelt mittlerweile weltweit zwischen verstreuten individuellen Nutzern. Die User selbst sind für alle Aktivitäten verantwortlich. Somit tragen im Wesentlichen die Kunden durch ihre Rückmeldungen und wechselseitige Kontrolle dazu bei, dass die Plattform eBay auch funktioniert, und stellen dadurch Vertrauen unter den Kunden her.[302] eBay verstehe sich deshalb als Pionier für Social Commerce, da schon in den Anfängen der Auktionsplattform Community-Angebote für die Kunden bereitgestellt wurden. Bewertungssysteme wurden sehr schnell etabliert, welche entscheidend zur Unterstützung der Kommunikation der Nutzer beigetragen haben und somit den Gedanken Social Commerce unterstützen. Das Vertrauen, dass eBay gegenüber seinen Nutzern und die Nutzer selbst untereinander zeigt, sei fundamental für den Erfolg und Bestand des Online-Marktplatzes. Da die Interaktion nicht nur Teil der Plattform ist, sondern die Kontaktaufnahme und Artikelbeschreibung generell auf User Generated Content beruht, wird das Soziale nochmals gestärkt, denn es sei keine Option oder Zugabe, sondern mache eBay in seinem Grundgerüst aus. Insbesondere der Community-Gedanke, der auf eBay durch Foren, Blogs, Ratgeber und Themenwelten besteht, aber auch Netzwerke bildet und Kommunikation unterstützt, fördere das Zusammenbringen der Menschen, den Austausch und schafft dadurch erst Vertrauen.[303]

„Während bei eBay durch die n:m-Beziehung zwischen Verkäufern und Käufern die Komponente des ‚Social Web' klar erkennbar ist, mag manch einer bei einem E-Commerce-Anbieter wie [...] Amazon die soziale Dimension in Frage stellen."[304] Aber Amazon gehöre durch die Einführung von Leserbewertungen und der Möglichkeit, eigens Bücher zu verkaufen, zu den Pionieren des Social Commerce.[305] Auch dieser riesige Online-Händler habe sich bereits früh das Empfehlungsprinzip zunutze gemacht, indem Kunden Produkte kaufen und anschließend auf den Produktseiten von ihren Erfahrungen berichten.[306] Wenn man bei Amazon allerdings nur an den Verkauf

---

[299]   Vgl. Haderlein 2006, S. 41.
[300]   Vgl. Vander 2009, S. 17.
[301]   Vgl. Breyer-Mayländer 2010, S. 335.
[302]   Vgl. Voß 2006, S. 70.
[303]   Vgl. Huber 2008, S. 158.
[304]   Breyer-Mayländer 2010, S. 335.
[305]   Vgl. Nitsche 2008, S. 693.
[306]   Vgl. Hünnekens 2009, S. 128.

von Waren an eine Menge anonymer Kunden denkt, sei es sicherlich klar, dass Social Commerce hierzu nicht passt. Allerdings zeige gerade dieses Beispiel, dass eine direkte Vermarktung und der Verkauf an viele Kunden auch soziale Effekte versteckt halten. Es existiert das ‚collaborative filtering'. Hier werden die Profile der Kunden miteinander verglichen und man bekommt durch diese Erkenntnisse Vorschläge unterbreitet.[307] Jeder, der bei Amazon schon mal gekauft oder sich nur informiert hat, kennt diese Kategorie: ‚Kunden, die diesen Artikel gekauft haben, kauften auch...'. Dadurch biete Amazon personalisierte und zielgruppenorientierte Produkte an.[308] Erst durch die Suche bzw. den Kauf könne man das Kaufverhalten ableiten, aber auch personalisierte Bewertungssysteme und die zusätzliche Möglichkeit, eine Lieblingsliste zu erstellen, ermöglichen Amazon eine individuelle Produktvielfalt.[309]

5.2.3 Arten von Social Commerce

Laut *Nitsche* seien die ersten Anwendungen, die sich im Social Commerce entwickelten, die Social Bookmarks. Dies sind Verzeichnisse von Internet-Lesezeichen, also eine Sammlung von den beliebtesten Internetseiten, die gemeinsam erstellt werden. Dies biete die Möglichkeit, überall auf die eigene Auswahl zuzugreifen und auch die Verzeichnisse anderer Nutzer bei der Informationssuche nach Schlagworten zu durchsuchen.[310] Das Soziale daran ist, dass man die persönlichen Onlineverzeichnisse mit anderen teilt. Dadurch, dass diese ähnlich wie Suchmaschinen fungieren, bedeuten sie auch Traffic für die Seiten der Unternehmen, wenn diese in den Verzeichnissen aufgelistet sind. Entscheidend ist, dass die Seiten von den Menschen durch die Auflistung bewertet werden.[311] In der heutigen Zeit ist der Begriff Social Commerce allerdings deutlich präziser zu bezeichnen. Hierbei unterscheidet *Huber* zwischen drei Formen des Social Commerce: Zum einen ginge es vor allem um die Beteiligung der Kunden an verschiedenen Geschäftsprozessen wie Design, Verkauf oder Marketing, die in Form von Kaufempfehlungen oder Kommentare anderer Kunden erfolgen kann. Zum anderen entstehen explizite Social Commerce-Portale, auf denen Händler und Produkte bewertet werden und den Nutzer bei der Suche im Web unterstützt. Zuletzt wird Social Commerce über Shopsysteme und private Homepages betrieben, auf denen eigens gestaltete Produkte verkauft werden können.[312] Diese drei Formen lassen sich genauer beschreiben. Das Auslagern von Geschäftsprozessen bzw. das Einbeziehen von Kunden wird Crowdsourcing genannt. Hauptgedanke hinter diesem Konzept sei, Aufgaben innerhalb eines Unternehmens an eine breite Masse von Personen auszulagern. Crowdsourcing soll allerdings nicht als Synonym für Outsourcing gesehen werden, denn bei dieser Art werden keine unternehmensinternen oder kooperativen Personen, vielmehr die Konsumenten und Kunden hinzugezogen. Auch Open Innovation wird im Bezug auf Social Commerce gerne verwendet,

---

[307] Vgl. Breyer-Mayländer 2010, S. 335.
[308] Vgl. Mühlenbeck 2008, S. 80.
[309] Vgl. Ebersbach 2008, S. 119.
[310] Vgl. Nitsche 2008, S. 692.
[311] Vgl. Clawien 2008, S. 718f.
[312] Vgl. Huber 2008, S. 157f.

also die interaktive Wertschöpfung. Entscheidend sei hier die Erkenntnis, dass Kunden nicht nur Arbeitslieferanden (Crowdsourcing), sondern auch Innovatoren und Ideenlieferanden seien. Das heißt, Kunden werden bereits in die Anfänge eines Geschäftsprozesses integriert.[313] Kunden liefern aber auch durch ihre Meinungen und Kommentare häufig einen unbewussten Anstoß in neue Richtungen und geben Trends vor. Explizite Social Commerce-Plattformen dienen den Nutzern, Produkte und Dienstleistungen zu bewerten, und bieten dadurch einen Mehrwert für die Kaufentscheidung aller Konsumenten. Bekannt sind hier Portale wie Ciao und Dooyoo. Aber vor allem Plattformen für spezielle Themen sind sehr beliebt wie z.B. Holidaycheck für Hotelbewertungen.[314] Neben Crowdsourcing und Open Innovation ist auch hier wieder der ‚Long Tail' zu nennen, der bereits in Kapitel 4.1.1 zur Sprache kam. Dieser stelle ein wichtiges Konzept in Zusammenhang mit Social Commerce dar, da die Ideen der Kunden zum tragenden Element werden. Bereits genannt wurde hierzu der Anbieter ‚Spreadshirt', der den Kunden eine Plattform zum Verkauf eigens designter T-Shirts und das Einrichten eines persönlichen Shops bietet. Kunden kaufen also von anderen Kunden.[315]

Durch die Tatsache, dass sich Konsumente über soziale Netzwerke zusammenschließen können, seien auch Rudelkäufe immer beliebter. Hierbei handelt es sich um eine Nachfragebündelung, d.h. man schließt sich zusammen und versucht bei den Anbietern einen Mengenrabatt zu erreichen.[316] Somit nehme Social Commerce auch einen hohen Stellenwert innerhalb des Instrumentalbereiches ein, indem soziale Netzwerke gebildet werden, um dem Prinzip der Gruppendynamik zu folgen, Produkte zu empfehlen und gemeinsam eine Kaufentscheidung zu treffen.[317] Die Prinzipien des Social Commerce seien ein alter Schuhe, laut *Huber*. Kaufkonzepte wie Sammelbestellungen, Avon oder Tupperware seien uns bereits aus der Offline-Welt bekannt. Erst die neuen Technologien ermöglichen eine Umlagerung in das Web und vergrößern dadurch die Macht des Konsumenten.[318] Mittlerweile nehmen die Unternehmen Social Commerce auch wortwörtlich, wie sich in Kapitel 6 zeigen wird.

5.2.4 Wie Social Shopper von morgen einkaufen

Laut *Koch* können im Social Commerce drei Kundengruppen unterschieden werden: Zum einen Kunden, die aktiv etwas zum Social Commerce beitragen. Zum anderen Kunden, die zusätzlich als Verkäufer auftreten. Und zuletzt Kunden, die sich ausschließlich über Empfehlungen informieren und zum Teil ihrer Kaufentscheidung machen.[319] Generell nennt *Wenzel* den Online-Shopper von morgen einen Mundpropagandist. Dieser akzeptiert keine passive Werbung und schon gar nicht eine Adaption des erlebnisarmen Einkaufs im Discounter. Er möchte authentisch in seinen unterschiedlichen Rollen angesprochen werden und seinen Beitrag leisten. Diese Beschreibung treffe

---

[313]   Vgl. Koch 2009, S. 195ff.

[314]   Vgl. Nitsche 2008, S. 693.

[315]   Vgl. Koch 2009, S. 197f.

[316]   Vgl. Breyer-Mayländer 2010, S. 340.

[317]   Vgl. Möhlenbruch 2007, S. 207.

[318]   Vgl. Huber 2010, S. 100.

[319]   Vgl. Koch 2009, S. 194.

auf die Generation der so genannten Millenails zu, Menschen die heute zwischen 15 und 25 Jahre alt und mit dem Internet aufgewachsen sind. Ohne dieses ist ein Leben nicht mehr vorstellbar. Es können keine Freunde gefunden oder Einkaufstipps konsumiert werden. Der Mundpropagandist sei infoelitär, kritisch und medienkompetent. Individualität, Partizipation, Selbstdarstellung und Kreativität sind Wünsche, die der Social Shopper von morgen ausleben möchte.[320] Hinzu kommt, dass er alles mit seinem sozialen Netzwerk teilt. Das heißt, was ich selbst geschaffen habe, zeige ich auch meinen Freunden. Dadurch gibt er seiner Identität ein Bild. Nichts, was nicht auch auf ihn hinweist, würde in seinem privaten Netz veröffentlicht werden. Dadurch verstärkt er seinen virtuellen Status.[321] Findet der Social Shopper ein Produkt, das ihn darstellt und ausmacht, werden durch die Veröffentlichung in sozialen Netzwerken individuelle Meinungen eingeholt. Sei der Konsument nicht im ‚Kauf-Modus', so bekommt er über sein soziales Netzwerk Impulse durch andere Menschen. Dadurch finde dank Facebook & Co. eine ständige Bedürfnisweckung statt. Postet zum Beispiel eine Freundin ein Paar neue Schuhe, die sie sich unbedingt kaufen will, geht der Social Shopper sofort darauf ein und stöbert im Online-Shop, gibt Tipps und findet gegebenenfalls auch etwas für sich selbst. Dies wird natürlich sofort wieder auf dem eigenen Profil veröffentlicht.[322]

Abb. 10: Beispiel für ein Social Shopper

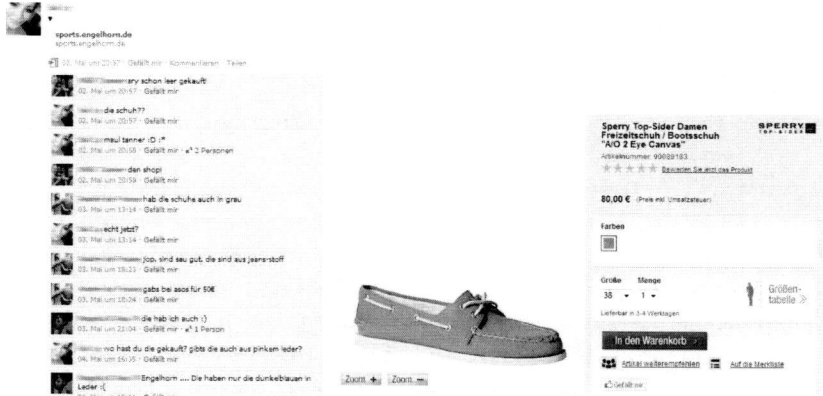

Quelle: Privates Profil auf Facebook   Quelle: http://sports.engelhorn.de

5.3   Einfluss auf die Marke und die Reputation des Unternehmens

Der klassische Reputationsansatz sieht folgendermaßen aus: Ein Unternehmen definiert sich selbst und dadurch seine eigene Identität, woraus die Corporate Identity und ein Unternehmensleitbild entstehen. Dies ergibt das Selbstbild eines Unternehmens und dient als Grundlage der Kommunikationsstrategie. Dieses Soll-Image wird letztendlich mithilfe der Kommunikation an die

---

320   Vgl. Wenzel 2009, S. 81ff.
321   Vgl. Schwieger 2010, S. 296f.
322   Vgl. Schäfers 2010, S. 312ff.

Stakeholder des Unternehmens vermittelt, wodurch die Chance erhöht wird, dass zumindest Teile des Selbstbildes des Unternehmens in den Köpfen der Menschen bleibt und als Fremdbild fungiert.[323]

> „Versteht man Reputation als die Gesamtheit aller über ein Unternehmen in der Öffentlichkeit und bei seinen unterschiedlichen Stakeholdern vorhandenen Images, so handelt es sich hierbei um ein fragiles und komplexes Konstrukt, das durch die neuen Kommunikationsstrukturen von Social Media besonders herausgefordert wird."[324]

Durch die Möglichkeit, per Internet alles zu verbreiten, und die Auslagerung der Kommunikation auf soziale Medien erfährt auch die Reputation eines Unternehmens einen digitalen Charakter. Besonders unzufriedene Kunden können durch Social Commerce-Angebote, einen enormen Einfluss auf das Unternehmen ausüben.[325] Konsumenten haben die freie Hand, über das Unternehmen aus Interesse, Motiven oder Zielsetzungen zu sprechen und dadurch in den Kommunikationsprozess einzugreifen. Social Commerce stellt aber ein Einflussbereich dar, den selbst Unternehmen nur im geringen Maße beeinflussen können. Die Reputation könne dadurch deutlich beeinflusst und im schlechtesten Fall könne ein erheblicher Schaden an dem Reputationskonstrukt verursacht werden, so *Behrens*.[326] Allerdings sei die Gefahr im Bezug auf eine Nichtkommunikation deutlich höher einzuschätzen, meint *Hettler*. Gehen Unternehmen falsch mit den neuen Medien um, so drohe ein Reputationsverlust.[327] Somit könne die Online-Reputation sowohl Start- als auch Zielpunkt von Social Media-Aktivitäten sein. Hierbei ginge es vor allem um die Bekanntheit und die Wahrnehmung eines Unternehmens im Social Web, denn diese spielen eine wichtige Rolle für die Entscheidung der Nutzer. Das heißt, die Reputation ist abhängig von Social Commerce, denn es entscheidet darüber, ob Unternehmen empfohlen und Produkte gekauft werden.[328] Für Unternehmen wäre es folglich besser, sich kommunikativ den Herausforderungen des Social Commerce zu stellen, damit sie mit Kommunikationskrisen auch entsprechend umgehen können.[329]

Neben der Reputation eines Unternehmens können auch Marken durch Social Commerce beeinflusst werden. Die Zukunft der Marken läge nicht mehr auf den begehbaren Flächen in der Innenstadt, sondern in der erlebbaren Vernetzung im Internet, so *Schwieger*.[330] Wie bereits erwähnt wurde, dienen Marken als Orientierung und bieten eine Entlastung im Bezug auf den Such- und Entscheidungsprozess. Diese Funktion haben Marken auch im Internet inne, allerdings ist es hier deutlich schwerer, diese auch zu finden. Social Commerce vereinfacht den Konsumenten die Suche und erhöht die Chance für die Marken, auch gefunden zu werden.[331] Markenbotschaften aus der Hand der Nutzer erlangen heute globale Aufmerksamkeit und schaffen ent-

---

[323]   Vgl. Behrens 2010, S. 21.
[324]   Ebd.
[325]   Vgl. Hettler 2010, S. 69ff.
[326]   Vgl. Behrens 2010, S. 22.
[327]   Vgl. Hettler 2010, S. 72.
[328]   Vgl. Pfeiffer 2011, S. 44.
[329]   Vgl. Behrens 2010, S. 22.
[330]   Vgl. Schwieger 2010, S. 297.
[331]   Vgl. Riekhof 2001, S. 19.

scheidende Berührungspunkte. Nutzergenerierte Markenbotschaften wie durch Social Commerce können das Markenversprechen stützen. So schlossen sich zum Beispiel zehntausende Fürsprecher der Langnese Eiscreme-Marke ‚Nogger Choc' in sozialen Netzwerken zusammen, um eine Wiedereinführung zu fordern – mit Erfolg. Diese Markenbotschaften allerdings können auch einen Kontrollverlust der markenführenden Unternehmen bedeutet. *Burmann* allerdings weist darauf hin, dass, laut Definition, eine Marke nie vollständig kontrollierbar sei, da das Markenimage erst in den Köpfen der Konsumenten entstehe.[332] Bedacht werden muss, dass die Aufmerksamkeit des Konsumenten auch ein seltenes Gut ist. Unternehmen sollten sich daher freuen, wenn über ihre Marken geredet wird, und als Chance nutzen, sich besser zu positionieren. Denn wie man aus dieser Arbeit bereits weiß, sind die Konsumenten die besten Werber für die eigene Marke. Auch TBWA-Kreativchef Stefan Schmidt sagt zu diesem Thema, dass keine Marke im Elfenbeinturm überleben könne. Nur selbstbewusste Marken nutzen die Möglichkeiten von Social Commerce und die direkte Kommunikation mit den Konsumenten. Sicherlich würde ein gewisses Risiko dahinterstecken, allerdings müsse mit der Kritik der Konsumenten sinnvoll umgegangen werden.[333] Eine angemessene Umsetzung und Inszenierung der Kernwerte einer Marke sowie der direkte Dialog mit den Kunden, aber auch das Betreiben eines Ideenwettbewerbs über Social Commerce eröffne eine neue Dimension in der Markenführung.[334]

Burmann wiederum betont dazu, dass durch das Überangebot und die Austauschbarkeit von Marken auch ein Verlust der Markenauthentizität zu erkennen sei.[335] Marken würden durch Social Commerce deutlich einfacher in die Köpfe der Menschen gelangen. Durch die typischen Netzwerkeffekte würde diese deutlich schneller wachsen, da der Bekanntheitsgrad gesteigert werden kann. Allerdings hinterlasse insbesondere Funktionalität, Interaktivität und die Nutzerführung Eindruck. Daher sei die Beziehungspflege zu Kunden besonders entscheidend. Aber vor allem positiv besetzte Marken profitieren durch die Sympathiewerte.[336] Der Markenkern sei dadurch nicht mehr nur ein Name, sondern würde durch das Kommunikationsverhalten und die Art der Interaktion widergespiegelt. Dabei sei auch die ständige Kommunikation mit den Kunden entscheidend, denn auch Gespräche seien Märkte, die auf Glaubwürdigkeit, Transparenz, Verlässlichkeit und Verständlichkeit beruhen und das marktorientierte Handeln ausmachen.[337]

5.4 Die Bedeutung von Vertrauen, Authentizität und Glaubwürdigkeit

Im Kapitel zuvor wurde deutlich, dass im Internetzeitalter Unternehmen häufig um die Aufmerksamkeit der Kunden kämpfen müssen. Allerdings ist auch Vertrauen ein wichtiges Gut für den Erfolg. Vertrauen könne nur in Form von Beziehungen zwischen Unternehmen und Kunden entstehen und beruhe auf Wahrnehmungen und Empfindungen der Konsumenten. Besonders bei

---

[332] Vgl. Burmann 2010, S. 347ff.
[333] Vgl. Unterberg 2008, S. 212f.
[334] Vgl. Riekhof 2001, S. 22.
[335] Vgl. Burmann 2010, S. 350.
[336] Vgl. Schulz 2000, S. 380ff.
[337] Vgl. Goldammer 2001, S. 211.

Unsicherheit im Bezug auf den Kaufprozess wird Vertrauen relevant. Verdeutlicht wurde bereits, dass sich die Konsumenten häufig in ihrer Kaufentscheidung unsicher fühlen und daher andere Meinungen und Bewertungen als relevant erachten. Das Vertrauen zu anderen Konsumenten ist daher deutlich höher, als das zum Unternehmen selbst.[338] „Die Konsumenten [...] haben die Überredungskünste des Marketings längst durchschaut – sie verlangen Offenheit, Authentizität und Glaubwürdigkeit."[339] Generell kann man sagen, dass die Loyalität der Kunden und ihr Vertrauen in Marken deutlich abnehmen. Dadurch wird die Kundenbindung auch immer schwieriger. Dies kann durchaus damit zusammenhängen, dass es immer mehr Marken gibt, aber auch, dass Konsumenten immer mehr von ihren Marken erwarten. Marken spielen vor allem in der modernen Welt des Konsums eine wichtige Rolle. Entscheidend für Konsumenten ist dabei nur, dass sie auch für etwas einstehen, glaubwürdig sind und Vertrauen wecken.[340] *Baumgartner* weißt in diesem Bezug darauf hin, je deutlicher und unverkennbarer das Profil einer Marke sichtbar sei, desto stärker sei auch die Glaubwürdigkeit.[341] Zusätzlich muss bedacht werden, dass Vertrauen nur in einer Umgebung entstehen könne, in der Ehrlichkeit und Integrität herrscht. Betrachtet man Social Commerce, wird deutlich, dass wir uns hier in solch einer Umgebung befinden, da auf den verschiedenen Plattformen nicht offener und ehrlicher miteinander umgegangen werden kann. *Stamer* gibt hierzu an, dass vor allem Transparenz entscheidend für Vertrauen sei. Somit setze Enterprise 2.0 sowohl intern als auch extern auf offene, transparente und ehrliche Dialoge und Feedback.[342]

„Das Grundproblem von Vertrauen ist jedoch, dass es nicht einfach so beschlossen oder erklärt werden kann, sondern leider mühsam und langwierig erworben werden muss, indem dauerhaft anschließend getan wird, was man zuvor angekündigt hat."[343] Entscheidend sei besonders im Bezug auf die Aktivitäten im Social Commerce, dass die Dialoge zur kommunizierenden Person und dem dahinterstehenden Unternehmen passen. Die Offenheit gegenüber kritischen Aspekten stärke die Glaubwürdigkeit und fördere den Vertrauensaufbau.[344] Auch Unternehmen sind nicht perfekt und machen Fehler. Dies ist auch vollkommen normal und generell kein Problem, solange das Unternehmen zu seinen Fehlern steht und auch daraus lernt. Wichtig hierbei ist, dass ehrlich und offen damit umgegangen wird und die Konsumenten das aufrichtige Bemühen des Unternehmens erkennen. Bei Menschen würde man wohl sagen, dass dieser Charakter und Rückgrat besitzt, so *Holzapfel*, was die Konsumenten verstärkt auch von den Unternehmen erwarten.[345] *Haug* empfiehlt in diesem Fall, das Social Web nach negativem Kundenfeedback zu überprüfen. Hierbei ginge es nicht darum, diese zu entfernen, sondern geeignete Gegenmaßnahmen zu bilden und dadurch die Kundenzufriedenheit zu erhöhen.[346] „Es wird zukünftig immer

---

[338] Vgl. Hummel 2005, S. 20ff.
[339] Haderlein 2006, S. 11.
[340] Vgl. Schneider 2001, S. 92f.
[341] Vgl. Baumgartner 2007, S. 26.
[342] Vgl. Stamer 2008, S. 74ff.
[343] Mühlenbeck 2008, S. 103.
[344] Vgl. Hettler 2010, S. 131.
[345] Vgl. Holzapfel 2010, S. 31.
[346] Vgl. Haug 2010, S. 123.

dringlicher, im Internet an den richtigen Stellen mit den richtigen Kontakten konstruktiv zu kommunizieren. Social Media eröffnet die Chance zur direkten Kommunikation mit den Interessengruppen des Unternehmens."[347]

5.5 Mögliche Absatzerhöhungen durch Social Commerce

Durch die steigende Wichtigkeit von Interaktion und Kommunikation habe auch das Image eines Unternehmens den ursprünglichen Sinn verloren. Bis vor Kurzem war das Image noch dafür entscheidend, den Wunsch nach einem Produkt anzuhalten, bis dieses gekauft werden kann. Heute fallen allerdings Kommunikation und Transaktion zusammen.[348] Bezüglich des Themas, ob nun in Form von Social Commerce das Soziale (Kommunikation) und der Verkauf (Transaktion) wirklich miteinander verbunden werden können, existieren unterschiedliche Ansichten. Auf der einen Seite sind Autoren bezüglich der Steigerung des Absatzes überzeugt. Insbesondere nutzergenerierte Produktempfehlungen besitzen im E-Commerce einen hohen und messbaren Wert. Das Kaufverhalten der Konsumenten könne beeinflusst und somit der Absatz gesteigert werden.[349] „In diesem Sinne ist Social Commerce der von sozialen Gruppen, deren Kommentierung und Beteiligung abhängige Handel, der die Kommunikation der Kunden und die Transparenz des Marktes fördert und dadurch Absatzvorgänge erst ermöglicht."[350] Besonders durch die starke Vernetzung in Social Media-Angeboten könne der Traffic auf der eigenen Webseite gesteigert und auch das Suchmaschinen-Ranking durch aktive Teilnahme am Geschehen auf Facebook & Co. erhöht werden.[351] So eignet sich zum Beispiel Twitter als Verkaufskanal, allerdings vielmehr als Kanal zum Auslösen von Kaufimpulsen. Der Firma Dell gelang durch ihr Twitter-Profil im Jahr 2009 ein Umsatz von insgesamt 2 Millionen US-Dollar. Dieses Profil beinhaltet insbesondere Sonderangebote und Preisnachlässe und erweist sich dadurch als sehr attraktiv für Follower. Zwar sei der Umsatz im Vergleich zum Gesamtumsatz des Unternehmens (81 Milliarden US-Dollar) recht gering, allerdings diene der Kanal auch dazu, die Kunden und Leser regelmäßig mit der Marke in Verbindung zu bringen.[352] *Knappe* sieht die Möglichkeit zur Absatzsteigerung durch soziale Netzwerke als wesentliche Chance. Betont wird hierzu besonders, dass Social Commerce und die Aktivitäten in sozialen Netzwerken erst Produkte, Dienstleistungen, Marken und Unternehmen sichtbar machen würden. Die verschiedenen Verknüpfungen würden als Cross-Selling-Tools agieren. Produkte werden neben dem gekauften Produkt angeboten, Empfehlungen ausgesprochen und präsentiert. Dadurch würde sich der Kunde deutlich intensiver mit dem Sortiment beschäftigen, was die Chancen erhöht, den Umsatz zu steigern.[353]

---

[347] Hettler 2010, S. 72.
[348] Vgl. Schwieger 2010, S. 300.
[349] Vgl. Schäfers 2010, S. 307.
[350] Breyer-Mayländer 2010, S. 339f.
[351] Vgl. Behrens 2010, S. 28.
[352] Vgl. Hettler 2010, S. 196.
[353] Vgl. Knappe 2007, S. 75.

Auf der anderen Seite weisen Autoren darauf hin, dass glaubwürdige Erfolgsgeschichten bezüglich der Umsatzsteigerung durch Social Commerce-Aktivitäten noch sehr rar seien.[354] *Pfeiffer* argumentiert diesbezüglich, dass Social Media nur in den seltenen Fällen als Abverkaufskanal diene. Man sieht die Chance vielmehr in der Verkaufsförderung am digitalen Point of Living und die Ansprache der Kunden im privaten Umfeld, also in sozialen Netzwerken. Social Commerce sieht man folglich als eine Art richtungsweisender Schritt für die zukünftigen Kaufentscheidungen.[355] Schließlich sei der Daseinszweck eines Unternehmens nicht, sich als Kommunikatoren hervorzutun, sondern auch Profit zu erwirtschaften. Außerdem erkennt man heute, dass sich der Markt im Moment erst entwickelt und noch keiner richtig Geld mit Social Commerce-Aktivitäten verdienen würde.[356] Eine Umfrage unter Marketing-Experten zeigt, dass der Erfolg mit der Erfahrung wächst. Hierbei wurden 3.300 Marketing-Fachleute befragt, die sowohl geringe als auch höhere Erfahrungswerte mit Social Commerce aufweisen können. Der Erfolg im Bezug auf Verkäufe über Social Media hänge also folglich von der Erfahrung ab. Das heißt, je länger man im Bereich Social Media arbeitet, desto deutlicher wird auch der Erfolg des Verkaufens auf sozialen Plattformen sichtbar und beweist damit, dass der Markt im Bezug auf Social Commerce erst langsam wächst und eine Umsatzsteigerung auch erst über eine gewisse Zeit spürbar ist. Die folgende Grafik zeigt nochmals die Ergebnisse dieser Umfrage.[357]

Abb. 11: Social Media steigert die Verkäufe

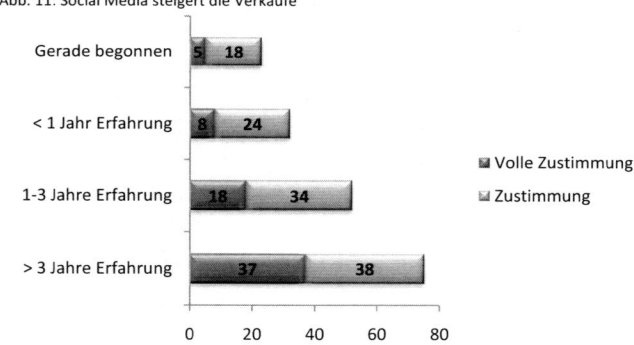

Quelle: Schmidt 2011, o.S. (Angaben in %)

5.6   Das Verhältnis zwischen ROI und Reputation

Die Problematik im Bezug auf die Erfolgskontrolle von Social Commerce-Aktivitäten bestehe insbesondere darin, dass es keine ausgezeichneten Messinstrumente oder Messgrößen im Bereich Social Media gibt, so *Gruber*.[358] Allerdings zähle im Social Web auch nicht die nackte Reichweite,

---

354   Vgl. Behrens 2010, S. 28.
355   Vgl. Pfeiffer 2011, S. 32.
356   Vgl. Hermes 2010, S. 79ff.
357   Vgl. Schmidt 2011, o.S.
358   Vgl. Gruber 2008, S. 91.

wie wir das aus dem klassischen Marketing kennen, sondern vielmehr die Qualität. Im Bezug auf Social Commerce würden 1.000 wertvolle Fans meiner Facebook-Präsenz, die aktiv sind, vielmehr zählen, als 100.000 Fans, die völlig inaktiv sind. Somit zeigt sich, dass hier der Return on Investment nicht mehr gemessen werden kann. Die Spielregeln haben sich diesbezüglich geändert. Die Erfassung, welche entscheidenden Impulse zum Kauf ausgelöst wurden, sei nicht ohne Weiteres durchzuführen.[359] Wenn Marketing-Leiter den ROI von Social Media-Aktivitäten belegen sollen, stoßen sie zumeist auf viele unterschiedliche neue Kennzahlen zur Erfolgsmessung wie Freunde, Kommentare, Fans, Links oder Follower.[360] Daraus ergibt sich eine Vielzahl unterschiedlicher neuer Messkriterien, die durch Social Commerce-Aktivitäten zumindest eine Richtung vorgeben. Darunter zum einen Return on Engagement, also die Zeitspanne, welche ein Konsument in die Interaktion investiert, Return on Participation, also die aktive Teilnahme an Social Media-Aktivitäten der Konsumenten, und auch der Return on Trust, um die Kundenloyalität und die Bereitschaft, Social Commerce zu betreiben, zu messen. Bei diesen Maßnahmen ginge es aber nicht darum, einen wirklichen Return zu berechnen, sondern es spielt vielmehr der persönliche Kontakt, die Interaktion und die Kommunikation eine Rolle.[361]

Es wird deutlich, dass in der Zeit des Social Commerce andere Returns zählen, die Auswirkungen auf die Reputation eines Unternehmens haben. Denn Return on Investment in seiner klassischen Form ist nur möglich, wenn Unternehmen auch treue Kunden haben. „Die Reputation bzw. der Ruf eines Unternehmens ist entscheidend für dessen wirtschaftlichen Erfolg. Das Ansehen eines Unternehmens beeinflusst die Kundenbindung und damit die Umsatzentwicklung."[362] Langfristige Kundenbeziehungen lassen sich nur dann erreichen, wenn der User den Eindruck vermittelt bekommt, dass es einen Platz gibt, an dem er persönliche Probleme und Fragen stellen kann und an dem auch das Unternehmen aktiv ist.[363] So stellt eBay zum Beispiel seine Glaubwürdigkeit über die Bewertungs- und Reputationsmechanismen her. Bei einer guten Reputation erhöhen sich daher das Vertrauen und damit die Verdienstmöglichkeiten des eBay-Mitglieds.[364] Ökonomische Effekte der Reputationssysteme wurden in verschiedenen Studien bereits untersucht. Positive Reputation erhöhe die Verkaufswahrscheinlichkeit und biete dadurch auch einen Anreiz zu vertrauenswürdigem Verhalten.[365] Dies gilt auch für die Unternehmen selbst. Das Unternehmensimage sei für die Wertschöpfung genauso wichtig wie ökonomische Erfolgszahlen. Und da Reputation heute in zunehmendem Maße über das Internet und Social Commerce entstehe,[366] zeigt sich vermehrt, dass weniger die nackte quantitative Reichweite im Mittelpunkt steht, sondern vielmehr die Qualität der Social Commerce-Aktivitäten.[367] Diese Social Commerce-Aktivitäten nennt *Gruber* den Online-Buzz, also die Gesamtheit aller Gespräche, die über eine

---

[359] Vgl. Holzapfel 2010, S. 144ff.
[360] Vgl. Hilker 2010, S. 78.
[361] Vgl. Holzapfel 2010, S. 148.
[362] Hettler 2010, S. 69.
[363] Vgl. Konitzer 2000, S. 396.
[364] Vgl. Mühlenbeck 2007, S. 228.
[365] Vgl. Peters 2007, S. 46f.
[366] Vgl. Hettler 2010, S. 69.
[367] Vgl. Holzapfel 2010, S. 155.

Marke und das Unternehmen stattfinden. Betont wird hierbei, dass Unternehmen Erfolge nur dann messen können, wenn sie diese Aktivitäten auch im Internet verfolgen. Bedacht werden sollte hier, dass der Buzz auch einen deutlichen Einfluss auf die Marke hat, d.h. je häufiger über eine Marke gesprochen wird, desto ausgeprägter sei auch die Markenbekanntheit bei den Konsumenten. Natürlich ist der Absatz entsprechend auch abhängig von der Bewertung und Gewichtung der Gespräche, allerdings versprechen positive Social Commerce-Aktivitäten auch eine steigende Markenloyalität und damit eine erhöhte Kundenbindung. Und diese haben auch einen starken Bezug auf die Umsätze einer Marke.[368] Märkte sind nun mal Gespräche.

5.7 Hypothese *H3*

Dieses Kapitel dient der genauen Betrachtung der Einflüsse von Social Commerce auf Unternehmen. Zum einen konnte festgestellt werden, dass Social Commerce bzw. die generelle Kommunikation über soziale Netzwerke die Reputation beeinflussen kann. Sie trägt letztendlich dazu bei, ob sich die Konsumenten für eine Marke oder ein Produkt entscheiden und inwieweit diese weiterempfohlen werden. Besonders auf Marken übt Social Commerce Einfluss aus. Hierzu sind heute vielmehr das Kommunikationsverhalten und die Art der Interaktion entscheidend für die Beliebtheit einer Marke und fördert die Kundenbindung. Ausschlaggebend ist hier besonders das Vertrauen der Konsumenten, welches nur durch Transparenz, Offenheit und Authentizität erreicht werden kann und dadurch letztendlich loyale Kunden entstehen. Social Commerce unterstützt die Kundenloyalität allerdings nur, wenn Unternehmen sich an die Ansprüche der Konsumenten anpassen und offen und ehrlich mit diesen kommunizieren. Bezüglich der Erreichung einer Absatzerhöhung ist man sich allerdings unsicher. Auf der einen Seite kann durch Produktempfehlungen die Wahrscheinlichkeit eines Produktverkaufs erhöht werden. Auf der anderen Seite sieht man noch keine eindeutigen Erfolgsgeschichten im Zusammenhang zwischen Absatzsteigerung und die Nutzung sozialer Netzwerke. Diese werden sich erst nach einer gewissen Zeit zeigen. Allerdings lässt sich bereits erkennen, dass es einen klassischen ROI zum Thema Social Commerce nicht mehr gibt. Man geht vielmehr davon aus, dass im Bereich Social Media der ROI durch die Reputation ersetzt wird. Die Hypothese *H3* kann folglich nur teilweise bestätigt werden, da nicht genau zu erkennen ist, ob eine signifikante Absatzerhöhung zu erreichen ist. Diese Ergebnisse werden Basis der noch folgenden Umfragen sein.

---

[368] Vgl. Gruber 2008, S. 92ff.

6. Der Einsatz von Social Commerce am Beispiel Facebook

„Wäre Facebook ein Land, wäre es schon heute das drittgrößte der Welt. Ein wirklich er-
staunliches Land, wo Menschen in siebzig unterschiedlichen Sprachen miteinander kommunizieren und ihr Privatleben in großen Gruppen von durchschnittlich 130 Freunden miteinander teilen. Rund die Hälfte der gut 500 Millionen ‚Bürger' dieses Landes meldet sich jeden Tag bei der Zentrale dieses weltumspannenden sozialen Netzwerks an. Im Schnitt verbringen die Mitglieder von Facebook pro Monat rund 700 Milliarden Minuten im direkten
Austausch mit ihren Freunden."[369]

6.1 Die Revolution Facebook

6.1.1 Der Anfang

Ursprünglich wurde Facebook 2004 als Online-Netzwerk für Studenten der Harvard Universität
von Mark Zuckerberg, dem Kopf hinter Facebook, entwickelt.[370] *Shuen* bezeichnet Facebook als
ein unerwartetes Superwachstums-Phänomen. Seitdem Mark Zuckerberg die Idee entwickelte
und innerhalb weniger Wochen in seiner Studentenwohnung codierte, hat sich Facebook wie ein
Lauffeuer verbreitet. Zunächst waren nur 10.000 Harvard-Studenten beteiligt. Bereits 6 Monate
später im Juni 2004 wurde das Netzwerk auf weitere 30 Hochschulen und um 150.000 Mitglieder
erweitert. Bis Ende Mai im Jahr 2005 zählte das Netzwerk 2,8 Millionen Nutzer an über 800
Hochschulen in den USA. So wie wir heute Facebook kennen, war es zur damaligen Zeit nicht.
Angedacht als erweiterte Version der klassischen gedruckten Foto-Bildbände, ist das Netzwerk
um viele Tools erweitert worden. Zwei Jahre nach seiner Entstehung zählte man 7,5 Millionen
tägliche User an 2.000 Colleges und 2.000 Hochschulen, im Juli 2007 waren es bereits unglaubli-
che 30 Millionen Nutzer.

Mark Zuckerberg gründete Facebook eigentlich, um Studentenverzeichnisse auf Papier online-
tauglich zu machen und die Kommunikation unter den Studenten erheblich zu erleichtern. Ihm
war hierbei wichtig, Facebook als Verzeichnis-Utility zu entwickeln, damit sich die Menschen
nicht aus den Augen verlieren, aber auch damit sie sich selbst ausdrücken können. Dieses
Grundgerüst ist heute immer noch allgegenwärtig, nachdem mittlerweile das Netzwerk für jeden
auf der ganzen Welt offen zu nutzen ist.[371] Entscheidend für dessen Gründer Mark Zuckerberg ist
dabei, dass Facebook als Fenster des World Wide Web zu sehen ist. In kürzester Zeit wurde es
dadurch zu einem Mainstream- und Kommunikationsmedium.[372] Es ist eine kommerzielle Webseite und es werden hauptsächlich private Kontakte gepflegt. Aber auch Unternehmen nutzen
dieses Netzwerk für ihre Zwecke.[373] Anfang 2011 besitzt Facebook rund 580 Millionen Mitglieder
weltweit und 21 Millionen Mitglieder in Deutschland.[374]

---

[369]   Adamek 2011, S. 15.
[370]   Vgl. Behrens 2010, S. 34.
[371]   Vgl. Shuen 2008, S. 69ff.
[372]   Vgl. Adamek 2011, S. 16f.
[373]   Vgl. Hilker 2010, S. 33.
[374]   Vgl. Heymann-Reder 2011, S. 109.

6.1.2 Die Möglichkeiten

Facebook bietet unzählige Möglichkeiten für Unternehmen, sich zu präsentieren und mit ihren Konsumenten zu interagieren und kommunizieren. Auf der einen Seite gibt es Facebook-Seiten, die für verschiedene Instanzen genutzt werden können, darunter Bands, Unternehmen, Marken, Schauspieler usw. Diese können mit Inhalten wie Fotogalerien, Videos oder Facebook-Anwendungen bestückt werden. Über den ‚Gefällt mir'-Button werden die privaten User von Facebook Mitglied bzw. Fan dieser Seiten und über deren Aktivitäten auf ihrer Startseite informiert und auf dem Laufenden gehalten.[375] „Die meisten Unternehmen legen es bei Facebook darauf an, möglichst viele Fans zu bekommen."[376] Auf der anderen Seite existieren als Gegenstück dazu Facebook-Gruppen, die allerdings ein ähnliches Aussehen wie Facebook-Fanseiten haben, aber dafür einen sehr unterschiedlichen Funktionsumfang. Gruppen werden generell eher von Facebook-Nutzern erstellt als von Unternehmen, um zum Beispiel auf ein bestimmtes Thema aufmerksam zu machen. Allerdings empfiehlt man hier, diese auch aus Unternehmenssicht zu beobachten, da sie häufig zu Themen, die diese betreffen, erstellt werden. Des Weiteren können Nutzer auch Facebook Community Pages erstellen. Diese dienen dazu, bestimmte Themen wie zum Beispiel Kochen, Sport oder andere Aktivitäten bzw. Hobbys zu seinem persönlichen Profil hinzuzufügen. Aus diesem Grund stammen die Inhalte wie bereits bei Facebook-Gruppen eher von Nutzern und dienen somit nicht als Maßnahme der Unternehmen. Die letzte hier vorzustellende Facebook-Funktion sind die Anwendungen, die zumeist Spiele darstellen und innerhalb von Facebook fungieren. Der prominenteste Vertreter ‚Farmville' zählt zu diesen Spielen. Mit einer Freigabe persönlicher Daten kann diese Anwendung erst verwendet werden. Zum Teil werden besondere Vorkommnisse auch im eigenen Newsfeed angezeigt, um Freunde darauf aufmerksam zu machen. Für Unternehmen hingegen sind besonders Werbeanzeigen, die auf Facebook geschaltet und grafisch untermalt werden können, besonders lukrativ. Der Grund ist, dass diese gewünschte Nutzergruppen spezifisch ansprechen können, da verschiedene Kriterien wie Alter, Geschlecht, Wohnort, Hobbys oder auch Gefällt-mir-Themen definiert werden können, um die Anzeigen entsprechend zu steuern.[377]

Facebook dient vor allem zur direkten Kontaktpflege mit den Konsumenten. Entscheidend ist auch, dass man als Unternehmen testet, welche Beiträge gerne kommentiert oder welche Informationen häufig geteilt werden. Um dies zu überprüfen, dient ein Monitoring- und Targeting-Instrument, der die Insights (www.facebook.com/insights) der Fans und ihr Nutzerverhalten genau dokumentiert. Dazu gehören zum Beispiel die Zahl der monatlichen Nutzer, die sich die Seite angeschaut haben, wie viele Kommentare verfasst wurden und wie viele ‚Likes' es gab. Dadurch ist eine genaue Kontrolle möglich und gibt Aufschluss über den Erfolg oder Misserfolg der unternehmerischen Aktionen.[378]

---

[375] Vgl. Gysel 2010, S. 222.
[376] Heymann-Reder 2011, S. 111.
[377] Vgl. Gysel 2010, S. 222f.
[378] Vgl. Heymann-Reder 2011, S. 123f.

Abb. 12: Beispiel Aktivitäten der Nutzer auf einer Facebook-Page

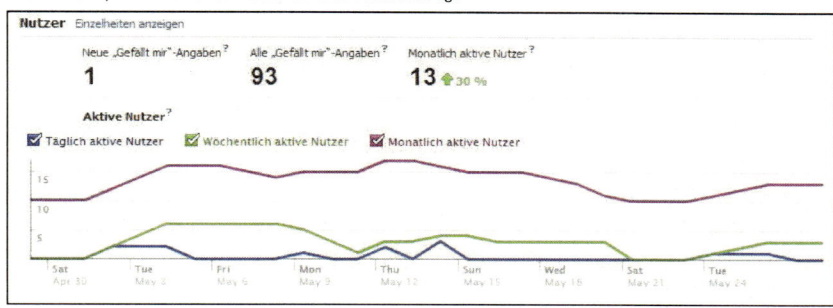

Quelle: Insights der Seite http://www.facebook.com/pages/Deutsche-ADC-Hilfe-evV/117498384950797

6.1.3 Nutzung in Unternehmen

Der wohl entscheidendste Grund, warum man Facebook nutzen sollte, ist, dass es sich hierbei um die wohl bekannteste Social-Media-Anwendung weltweit handelt. Man kommuniziert medienaffin und zielgruppennah. Außerdem sei es auch das perfekte Tool, um schnelles, günstiges, flexibles und visuell interessantes Marketing zu betreiben.[379] Es können weltweit sehr viele Beziehungen hergestellt werden, bedenkt man die Anzahl an Mitglieder.[380] „So hat zum Beispiel die Computerfirma Dell fast eine Viertelmillion Fans auf Facebook und Coca Cola bringt es sogar auf [mehr als] 20 Millionen."[381] Insgesamt kommen 80 Pages und Gruppen auf einen Facebook-Nutzer und 50 Prozent der Nutzer loggen sich täglich ein.[382] Betrachtet man die Anzahl von 580 Millionen Nutzern weltweit, kann hier ein großer Kreis potentieller Konsumenten von den Unternehmen überzeugt werden. Durch das Überangebot der Möglichkeiten für Unternehmen in Facebook können verschiedene Kanäle für die Kommunikation mit den Konsumenten ausgewählt werden. *Hilker* ist der Ansicht, dass man an Facebook, wenn man Social Media für sich nutzt, nicht mehr vorbeikommen würde. Bei der richtigen Anwendung könne sich das Netzwerk zu einem unverzichtbaren, reaktionsschnellen Tool im Marketing-Mix eines jeden Unternehmens entwickeln.[383]

Allerdings zeigt sich auch hier wiederum die fehlende Kontrolle der Verbreitung der Inhalte, wie bereits des Öfteren erwähnt wurde und wovor sich Unternehmen besonders fürchten. Da jeder mit jedem vernetzt ist, können Marketing-Aktionen ein unkontrollierbares Eigenleben entwickeln, über das sich Unternehmen bei der Nutzung von Facebook im Klaren sein sollten. Facebook gerät aber auch ab und an in negative Schlagzeilen. Besonders die Datenschutz- und Urheberrechtsfragen sind teilweise noch ungeklärt. Aufgrund dieser Unsicherheit werden die Unternehmensauftritte auf Facebook von Seiten der User teilweise noch mit Skepsis betrachtet.[384]

---

[379]   Vgl. Hilker 2010, S. 35.
[380]   Vgl. Heymann-Reder 2011, S. 109.
[381]   Ebd.
[382]   Vgl. Roth 2011, o.S.
[383]   Vgl. Hilker 2010, S. 34f.
[384]   Vgl. ebd., S. 35.

Somit zeigt eine Studie, dass 47 Prozent der User dem Netzwerk Facebook nicht vertrauen würden. Besonders im Bezug auf mögliche Zahlungsmittel sind die Nutzer noch extrem vorsichtig, was sich auch auf Social Commerce-Aktivitäten via Facebook auswirken kann.[385]

6.2 Social Commerce via Facebook

Insgesamt ließ sich durch die zuvor theoretische Beleuchtung eine zunehmende Bedeutung von Social Commerce, also dem aktiven Empfehlungshandel, erkennen. Auch Facebook habe durch die Integration von ‚Like'-Buttons und Posts auf Pinnwänden enorm zu dieser Entwicklung beigetragen. Die Sympathie für eine Marke, ein Unternehmen oder ein Produkt kann dadurch öffentlich geteilt und Meinungen verbreitet werden.[386] So hat sich auch in einer Studie von Morpace, die unter den US-amerikanischen Facebook-Nutzern durchgeführt wurde, gezeigt, dass 68 Prozent durch Empfehlungen von Freunden positiv beim Produktkauf beeinflusst werden und 41 Prozent Fanpages nutzen, um Freunden zu zeigen, welche Produkte favorisiert werden. Durchschnittlich sei jeder Facebook-Nutzer Fan von 9 Fanpages.[387] Genaueres wird in den folgenden Kapiteln erläutert.

6.2.1 Posts auf Facebook

Wenn Konsumenten in ihren sozialen Netzwerken mal nicht auf dem ‚Kauf-Modus' stehen, erfahren sie trotzdem immer wieder neue Impulse durch die Menschen im persönlichen Netzwerk. Eine Bedürfnisweckung finde daher ständig online statt, vor allem aber auch dank Facebook.[388] Durch die Möglichkeit, sich ständig jedem mitzuteilen, werden die Menschen aus den unterschiedlichsten Motiven dazu verlockt. Somit nehmen Facebook-User sich als Publizisten, Fotografen oder Kameramänner wahr und informieren alle täglich darüber, was gerade in ist, was man gerade tut oder wo man sich im Moment aufhält. Dadurch steht man mit der ganzen Welt in einem immerwährenden Dialog. Wenn Empfehlungen zum Beispiel mündlich ausgesprochen werden, sei das Risiko groß, dass diese nach kürzester Zeit wieder vergessen werden. Woher weiß man, ob es Freunde wirklich interessiert, was man zu sagen hat. Facebook hingegen mache auch aus Unwichtigem etwas Wichtiges und gibt den Aussagen dadurch mehr Gewicht.[389] Um diese Möglichkeit des Dialogs zu nutzen, tendieren sowohl Privatpersonen als auch Unternehmen zu den Posts auf ihrer persönlichen Pinnwand. Der Vorteil dabei ist, dass jede Veröffentlichung auf der Startseite eines jeden Fans aufgezeigt wird und die möglichen Konsumenten regelmäßig über aktuelle Gegebenheiten informiert werden. Bedacht werden muss hierbei, dass die meisten User auf Facebook eher passive Leser sind. Unternehmen hoffen durch das Veröffentlichen von Beiträgen ständig auf ‚Gefällt-mir'-Reaktionen oder im besten Fall Kommentie-

---

[385]   Vgl. Cohen 2011, o.S.
[386]   Vgl. Mahrdt 2010, S. 122.
[387]   Vgl. Hutter 2010, o.S.
[388]   Vgl. Schäfers 2010, S. 312.
[389]   Vgl. Adamek 2011, S. 21f.

rungen.[390] Allerdings sind nur etwa 1 Prozent aktive Nutzer, wie die Nielsen-Regel aufweist. Hierbei geht es um ‚The Rule for Participation', also die Beteiligung der Nutzer im sozialen Netzwerk. Man ist der Ansicht, dass 90 Prozent der Fans einer Unternehmensseite zwar lesen und beobachten, aber nichts beitragen; *Nielsen* nennt diese die ‚Lurkers'. 9 Prozent hingegen beteiligen sich von Zeit zu Zeit. Aber nur 1 Prozent aller Fans einer Facebook-Page beteiligt sich aktiv, indem sie teilen, kommentieren und liken.[391]

Vergessen werden darf diesbezüglich auch nicht, dass es sich bei Facebook um ein Netzwerk handelt, in dem die Verbindungen zu Freunden und zur Familie im Vordergrund stehen. Unternehmensseiten und deren Informationen sei ein nebensächliches Feature.[392] Entscheidend ist, dass Konsumenten nicht mit Informationen überfüllt werden, die kein Interesse wecken. Viel durchschlagender sind Posts, die von den Konsumenten geteilt werden, denn hier ergibt sich wiederum der Effekt der Glaubwürdigkeit, denn Freunde finden ein Produkt gut und nicht das Unternehmen selbst. Um bezüglich der Posts auf Facebook erfolgreich zu sein, benötigt man interessante Inhalte. Aber auch die richtige Art zu posten gehört dazu, wie eine Studie belegt: Bilder sind entscheidend, morgens erreichen Posts mehr Menschen und der Donnerstag ist der beste Tag dafür.[393] Hinzu kommt, dass man seine Fans aktivieren und konkret auffordern sollte, um das Engagement zu steigern. Aufforderungen wie ‚post', ‚watch', ‚comment', ‚tell us' oder ‚share' führen zu einer größeren Beteiligung. Aber auch eine gezielte Frage führt zu 15 Prozent mehr Engagement.[394] So hoffen viele Unternehmen insbesondere darauf, dass ihre Inhalte geteilt werden, was bedeutet, dass die Fans diese selbst auf ihrer eigenen Pinnwand posten. Ist dies der Fall, entsteht ein Schneeball-Effekt, der die Grundlage des viralen Marketings darstellt und dadurch viele Menschen erreichen kann.[395] Bedenkt man, dass jeder Facebook-Nutzer im Durchschnitt 130 Freunde hat und monatlich 90 Inhalte postet[396], kann eine enorm hohe Verbreitung stattfinden. Entscheidend ist nur, ob die Inhalte des Posts auch interessant genug für die Fans sind. Dies ist von den Unternehmen nicht zu beeinflussen. Sie müssen dafür nur ihre Konsumenten gut genug kennen und einschätzen, was auf Interesse stößt und was nicht.

6.2.2 Social Plugins

„Die Integration von Facebook Features in bestehende E-Commerce Lösungen entwickelt sich in einer rasenden Geschwindigkeit. Ein Großteil der Anbieter hat die Potenziale von Facebook erkannt und möchte seinen Kunden nun auch verknüpfte Shop-Systeme anbieten."[397] Bekannt sind diese Features unter dem Namen Social Plugins. Dies sind Angebote, die sowohl auf der externen Webseite als auch in Online-Shops integriert werden können. Dadurch wird eine Konnektivi-

---

[390]   Vgl. Roskos 2011, o.S.
[391]   Vgl. Nielson 2006, o.S.
[392]   Vgl. IBM Institute for Business Value 2011, S. 2.
[393]   Vgl. Brookers 2010, o.S.
[394]   Vgl. Peters 2011, o.S.
[395]   Vgl. Heymann-Reder 2011, S. 111.
[396]   Vgl. Roth 2011, o.S.
[397]   O.V. 2011b, o.S.

tät zum sozialen Netzwerk hergestellt. Diese Plugins reichen von der einfachen Integration des Like-Buttons bis hin zu Live-Streams, um die Aktivitäten auf der Facebook-Fanpage des Unternehmens zu präsentieren.[398]

> „Nutzer können damit jede Website eines Shops mit einem Klick in ihrem Newsfeed verlinken. [...] Entsprechend im Shop implementiert, kann der Nutzer einzelne Produkte direkt von der Shop-Seite an seinen Facebook-Newsfeed schicken oder Produkte in sein Profil aufnehmen."[399]

Die Implementierung auf der eigenen Seite ist sehr einfach; es muss nur ein JavaScript Code integriert werden. Ist der Button einmal auf der Internetseite, kann erkannt werden, wie viele Besucher einen Beitrag liken und zum Teil wird auch dargestellt, wer es ist. So ist ersichtlich, welche Freunde beispielsweise eine Internetseite bzw. die Facebook-Page mögen.[400] Der eindeutige Vorteil der Social Plugins ist eine direkte Vernetzung zum persönlichen Netzwerk. Vor allem der Vorgang des Veröffentlichens auf seinen privaten Newsfeed sei als eine Art Einladung der Freunde zu verstehen, die Seite selbst zu besuchen oder bestimmte Produkte zu kaufen. Auch hier kann wiederum ein Schneeball-Effekt entstehen. Es gehe eine Macht von dem Like-Klicker aus. Durch die Integration des Like-Buttons könne sich der Traffic auf Webseiten um das Drei- bis Fünffache erhöhen. Der Grund dafür sei, dass die Hürde des Weiterempfehlens so klein wie möglich gehalten wird. Mit einem Klick entsteht ein Link auf dem eigenen Profil. Mehr Arbeit muss dabei nicht investiert werden. Natürlich entsteht auch für das Netzwerk Facebook ein Vorteil. Um den Like-Button zu aktivieren, muss der Nutzer natürlich bei Facebook angemeldet sein. Dadurch hat sich nach Entstehung der Social Plugins ein Rekordmonat der Neu-Registrierungen für Facebook aufgetan. Nachteilig sehe man vor allem die Tatsache, dass nur demografische Daten gewonnen werden können. Eine zielgruppengerichtete Kommunikation sei durch die Social Plugins kaum möglich. Letztendlich wisse Facebook weitaus mehr über die Konsumenten, als die Unternehmen selbst. Bisher können auch noch keine Auswirkungen auf die Umsätze verzeichnet werden; zumindest sei noch kein direkter Zusammenhang zwischen den Artikeln, die am besten verkauft, und denen, die am meisten empfohlen wurden, zu erkennen.[401]

6.2.3 Vor- und Nachteile des Gefällt-mir-Buttons

Sowohl die Implementierung des Like- bzw. Gefällt-mir-Buttons auf andere Webseiten als auch auf Facebook selbst stellt viele Unternehmen vor neue Fragen. Wie bereits festgehalten wurde, stellt der Konsument selbst den besten Werber für ein Unternehmen dar. *Adamek* bezeichnet die Geschäftsidee des Like-Buttons als die beste aller Zeiten, denn dadurch kann auf der Pinnwand der eigenen Facebook-Seite die Sympathie für so gut wie alles geäußert werden. Interessant für Unternehmen seien aber vor allem die konsum- und markenorientierten Äußerungen,

---

[398]   Vgl. Roth 2010, o.S.
[399]   Weiß 2010, o.S.
[400]   Vgl. Zarrella 2011, S. 197.
[401]   Vgl. o.V. 2010b, o.S.

denn auch bei Facebook handelt es sich um einen milliardenschweren Werbemarkt.[402] Die beste Werbung entsteht besonders aus der Freiwilligkeit, mit der die Sympathie ausgedrückt werden kann. Freunde sehen, was gefällt. Deren Interesse multipliziert sich im besten Fall. Äußert sich jemand zu einer Marke über den Like-Button, findet die Marke tatsächlich dort statt. Und sobald die Marke ‚stattfindet', hätten Werber ihr Ziel erreicht, denn der Nutzer selbst entscheidet sich für die Marke, man müsse ihn nicht dazu zwingen oder unnötig mit Werbung überhäufen.[403] Zusätzlich kann das einfache Klicken eines Gefällt-mir-Buttons zu einer viralen Verbreitung führen.[404] Aber genau in diesem Punkt sieht man die Gefällt-mir-Funktion noch als kritisch an. Natürlich hat sich zum Beispiel der Traffic seit der Implementierung des Like-Buttons deutlich erhöht, aber dies ist nur punktuell zu sehen. Zum Beispiel dokumentieren die Ergebnisse von Levi's, dass 40 Prozent mehr Traffic auf ihrem Store zu verzeichnen war. Die galt allerdings nur für den Monat, in dem der Like-Button integriert wurde. Danach senkte sich die Anzahl der Zugriffe wieder.[405] So zeigt sich, dass ein einfacher Klick eine Lawine auslösen kann. Man könne dies auch als eine gigantische Konsumentenabstimmung bezeichnen. Aber genau hier liegen die erheblichen Zweifel. Schließlich wisse man nicht, wie hoch der Anteil derer ist, die einfach nur gerne den Gefällt-mir-Button anklicken.[406] Viele Nutzer sind oft auch nur mit Unternehmensseiten auf sozialen Netzwerken verknüpft, um zum Beispiel Preisnachlässe oder Specials zu erhalten. Andere wiederum fordern viele Menschen aufgrund von Charity-Aktionen dazu auf.[407]

„Der Erfolg der Social Media beweist, dass Menschen gerne Informationen verbreiten."[408] Allerdings in so einem enormen Maße, sodass man mittlerweile über Facebook nicht erkennen kann, wer es wirklich ernst meint. Laut Everson klicken die Facebook-Nutzer täglich 50 Millionen Mal den ‚Gefällt-mir'-Button.[409] Man könnte es als Schwarmverhalten betrachten. So argumentiert die Werbung auch damit, dass Produkte oder Marken nicht mehr direkt überzeugen müssen, sondern es ausreiche, wenn andere davon überzeugt sind. Wissenschaftler nennen dies die soziale Bewährtheit. Man beobachtet das Verhalten anderer, um zu erkennen, welches Verhalten in einer gegebenen Situation und in welchem Maße angebracht ist.[410] Somit gehört es zu den grundlegenden Neigungen des Menschen, wie andere zu denken und zu handeln, so *Prack*. Man könnte es folglich auf diese Weise interpretieren: Wenn andere ‚Gefällt-mir' klicken, muss es ja etwas Gutes sein. Das Verhalten der Menschen wie Lemminge sei in der Gesellschaft immer wieder zu finden.[411] Hinzu kommt, dass es für Unternehmen eine Prestigefrage sei, viele Fans zu haben. So gibt es mittlerweile auch keine Skrupel, sich ‚Gefällt-mir'-Klicks zu kaufen.[412]

---

[402] Vgl. Adamek 2011, S. 77f.
[403] Vgl. ebd., S. 132.
[404] Vgl. Gysel 2010, S. 222.
[405] Vgl. Borns 2011, o.S.
[406] Vgl. Adamek 2011, S. 134.
[407] Vgl. IBM Institute for Business Value 2011, S. 9ff.
[408] Qualman 2010, S. 91.
[409] Vgl. o.V. 2011c, o.S.
[410] Vgl. Cialdini 2004, S. 153ff.
[411] Vgl. Prack 2010, S. 81ff.
[412] Vgl. o.V. 2011d, o.S.

„Ist es also dieses aus der vermeintlichen Bedeutung des eigenen Tuns und der Beachtung der eigenen Person durch wildfremde Menschen im Netz resultierende Glücksgefühl, das uns alle zu mehr oder weniger Facebook-Süchtigen macht? Facebook ist Geben und Nehmen von Informationen, und wer sich einigelt und zu wenig von sich preisgibt, ist schnell wieder raus."[413]

6.3 F-Commerce – Verkaufen via Facebook

Mit dem Begriff Social Commerce und der Revolution des sozialen Netzwerkes Facebook entsteht ein neuer Begriff, der für den Verkauf via Facebook gelten soll: F-Commerce. Auch hier tun sich zwei Meinungen auf. Auf der einen Seite ist man der Ansicht, dass speziell Facebook Commerce einen wichtigen Bestandteil des Online-Shoppings darstellen wird. Auf der anderen Seite empfindet man dies als Überbewertung und vertritt die Meinung, dass nur eine geringe Anzahl an Nutzern auf Facebook shoppen würde. Allerdings gibt es mittlerweile Unternehmen, die bereits erfolgreich im F-Commerce sind und bei denen eine Umsatzsteigerung erkennbar ist.[414] Allerdings verweist man im Bezug auf F-Commerce auf einen kleinen Unterschied zu Social Commerce. Social Commerce könne überall stattfinden und gilt als eine Art soziale Strategie. F-Commerce hingegen ist an das soziale Netzwerk Facebook gebunden.[415] Auch *Lammenett* betont, dass es sich bei Social Commerce um die Integration sozialer Komponenten handelt, bei F-Commerce hingegen handelt es sich um eine zusätzliche Nutzung der Facebook-Möglichkeiten.[416]

Besonders im Jahr 2010 zeigten sich Erfolgsgeschichten, die zu einem größeren Verkaufspotential und auch zu einer Umsatzerhöhung führten. Es ist beachtlich, wie schnell sich das Potential des Verkaufens über soziale Netzwerke entwickelt hat.[417] In Facebook bietet sich mittlerweile die Integration von Shopping-Tools an, um die einige Fan-Pages ihre Präsenz bereits mit dem Reiter ,Shop' erweitert haben.[418] Man unterscheidet hierbei drei Arten, die man zu dem Begriff F-Commerce zählen kann. Zum einen gibt es Shops, die innerhalb des sozialen Netzwerkes fungieren. Hier findet auch die Kaufabwicklung über zum Beispiel Facebook-Credits oder PayPal statt. Zum anderen werden Facebook-Features genutzt, um neue Kunden zu gewinnen. Diese finden sich häufig in Online-Shops wieder. Als letztes werden auch im stationären Handel Facebook-Tools genutzt, um Kunden in das Ladengeschäft zu locken. Ein Beispiel sind Specials über Facebook Places. Indem Kunden den Store betreten und einen Post in ihrem Newsfeed veröffentlichen, erhalten sie bestimmte Rabatte auf die Artikel.[419] Abhängig sei der Verkauf über Facebook allerdings auch von den jeweiligen Produkten. Somit lasse sich ein Produkt eher verkaufen, das bereits auf sozialen Kontakten basiert wie zum Beispiel Tickets zu Konzerten. Das Beispiel ,Ticketmaster' zeigt, dass sich der Verkauf durch Facebook deutlich erhöht hat, da man davon aus-

---

413   Adamek 2011, S. 22.
414   Vgl. o.V. 2011e, o.S.
415   Vgl. o.V. 2011g, o.S.
416   Vgl. Lammenett 2011, S. 126.
417   Vgl. o.V. 2011f, o.S.
418   Vgl. Lammenett 2011, S. 131.
419   Vgl. Tißler 2011, o.S.

gehen kann, dass Konzerte zumeist nicht alleine besucht werden und daher das Teilen eines Links auf der Pinnwand wahrscheinlicher ist, um Freunde auf einen Konzertbesuch hinzuweisen.[420] Komplett integrierte Shops sind hierbei noch eher eine Seltenheit. Vor allem international werden nach und nach Shops integriert. Aber auch Deutschland erkennt kontinuierlich die Vorteile des Netzwerkes Facebook. Das folgende Kapitel soll ausgewählte Beispiele präsentieren.

6.3.1 Best Practice Beispiele

Bereits existierende Beispiele auf Facebook zeigen, dass ein Online-Shop durchaus erfolgreich sein kann. Von Blumen wie bei 1-800-Flowers.com (http://www.facebook.com/1800flowers) bis hin zu Mode sind innovative Unternehmen mit ihren F-Commerce Lösungen bereits sehr aktiv. Häufig unterscheidet man zwischen einer Kaufabwicklung über Facebook und einer Kaufabwicklung auf der externen Webseite. Da Konsumenten ein Shoppingerlebnis erwarten und besonders gerne mit Freunden teilen, bietet sich hier durchaus Mode an. Besonders die weiblichen Zielgruppen sind hier relevant, da diese immer wieder gerne die Meinungen ihrer Freundinnen einholen. Somit hat zum Beispiel 'Nine West' (http://www.facebook.com/ninewest), ein Modelabel der Jones Group, einen Shop integriert, bei dem verschiedene Outfits zur entsprechenden Saison vorgeschlagen und präsentiert werden. Die Kaufabwicklung findet letztendlich aber auf dem externen Online-Store statt.

Abb. 13: JOOP! – Pop Up - Boutique

Abb. 14: Nine West auf Facebook

Quelle: http://www.facebook.com/joop   Quelle: https://www.facebook.com/ninewest

Interessanter scheinen im Bereich F-Commerce jedoch die komplett integrierten Facebook-Shops, in denen die Kaufabwicklung auf der Plattform stattfindet. Auch das Unternehmen JOOP! arbeitet mittlerweile mit einer so genannten 'POP UP Boutique'. Hier werden nur besondere Angebote, zum Beispiel im Moment 3 Specials, veröffentlicht und für lediglich 10 Tage zum Kauf angeboten. Die Abwicklung findet komplett über Facebook statt. Besonders die Präsentation der

---

[420]   Vgl. o.V. 2011e, o.S.

Produkte sei hierbei gut gelungen, da eine Detailansicht möglich ist. Zusätzlich empfindet man die Form, nicht alle Produkte aus dem regulären Shop, sondern nur spezielle Angebote für einen bestimmten Zeitraum anzubieten, als guten Ansatz.[421]

Komplett integrierte Shops hingegen sind noch recht selten. Das Unternehmen ‚Linsenmax' aus der Schweiz bietet eine Komplettbestellung und Abwicklung von Kontaktlinsen in Facebook an. Dies bedeutet, dass man sein soziales Netzwerk nun nicht mehr verlassen muss, um einen Kauf zu tätigen. Im Facebook-Shop werden alle gängigen Marken angeboten. Da es sich bei der Bestellung von Kontaktlinsen um einen einfachen Vorgang handelt, kann man sich vorstellen, dass dies durchaus erfolgreich sein kann. Man gibt lediglich seine Werte ein, die man bei jedem Optiker messen lassen kann, legt den Einkauf in den Warenkorb, gibt seine Daten auf Facebook frei und bezahlt den geforderten Betrag. Eine einfache und schnelle Lösung.

Abb. 15: Linsenmax auf Facebook

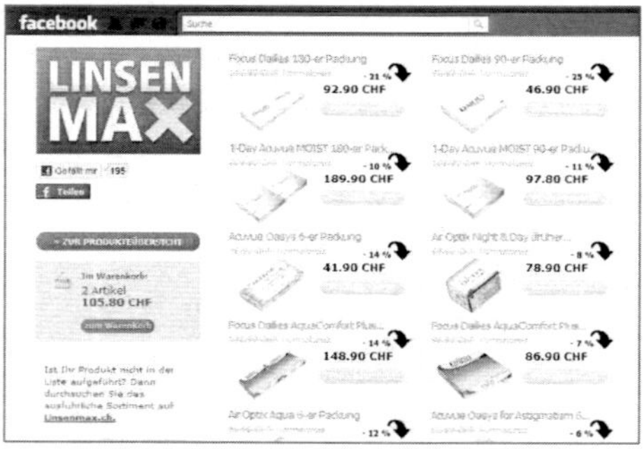

Quelle: http://www.facebook.com/kontaktlinsen

Mittlerweile tummeln sich nicht nur Unternehmen für den generellen Konsum in Facebook. Auch andere Branchen wagen den Schritt zu einem integrierten Shop, wie zum Beispiel der Mobilfunkanbieter simyo, der als erste Mobilfunkmarke in Deutschland einen Online-Shop auf Facebook gelauncht hat. Zunächst startet der Shop mit einer Art einarmigen Banditen, um eine Telefonnummer zu generieren. Danach ist die Bestellung einer Simkarte möglich. Um dies zu vereinfachen, können persönliche Angaben aus dem Facebook-Konto, wie auch bei Linsenmax, in das Bestellformular integriert werden. Ziel der Integration ist es, die erste Wahl für Onliner zu sein, bei der auch die wachsende Bedeutung von Facebook eine Rolle spielt. Das heißt, man wolle die Menschen dort abholen, wo sie sich aufhalten und ihnen damit etwas Neues bieten. Auch simyo misst seinen Erfolg vielmehr an dem generierten Traffic und dem Maß der Konversationen, als an einer wirklichen Umsatzsteigerung. Der Erfolg wird sich in den nächsten Wochen und Monaten noch zeigen.[422]

---

[421] Vgl. o.V. 2011h, o.S.
[422] Vgl. Gabler 2011, o.S.

Abb. 16: simyo - Shop auf Facebook

Abb. 17: Fahrrad.de auf Facebook

Quelle: http://www.facebook.com/simyoDE?ref=ts   Quelle: http://www.facebook.com/fahrrad.de

Das wohl bekannteste Beispiel für die Integration eines Facebook-Shops stellt Fahrrad.de dar. Dies ist eines der ersten deutschen Unternehmen, die den Weg zu einem Facebook-Shop im Jahr 2010 gewagt haben. Hier werden alle Daten direkt aus dem regulären Shop in Facebook geladen und sind somit kongruent mit dem Sortiment auf der externen Webseite. Ebenso die Bestellungen werden über den Shop verwaltet. Wie auch bei Linsenmax bietet man auf dem Facebook-Shop spezielle Rabatte und dadurch Anreize für die Kunden an.[423]

6.3.2 Social Commerce am Beispiel Sellaround.net[424]

Mit Sellaround ergibt sich eine weitere Möglichkeit, auf Facebook und auch extern Produkte zu verkaufen. Generell ist Sellaround die erste Social Commerce Plattform für den Ver- und Wiederkauf im Social Web. Den Nutzern bietet sich hier die Option, kostenlose Widgets zu erstellen, die dann als Werbebanner und Mini-Shops mit integriertem Bezahlprozess sowohl auf der eigenen Plattform als auch in sozialen Netzwerken integriert werden können. Insbesondere Facebook bietet sich hierfür an. Jeder normale Verbraucher, jedes Unternehmen und jede Marke kann so mit wenigen Klicks zum Verkäufer werden und die Produkte unkompliziert und schnell über soziale Netzwerke vertreiben. Dadurch lassen sich auch die viralen Effekte nutzen, indem Produkte zum Weiterverkauf angeboten werden, und bieten den Kunden eine völlig neue Form des viralen Abverkaufs. Kosten für den Verkäufer fallen lediglich bei einem erfolgreichen Verkauf an, die sich aus 6 Prozent des Transaktionspreises ergeben. Die Zahlungsabwicklung verläuft über PayPal. Interessant ist dieses Tool für viele verschiedene Branchen wie zum Beispiel Musikindustrie, Konsumgüterindustrie oder Modeindustrie.

---

[423]   Vgl. Lammenett 2011, S. 133f.
[424]   Dieses Kapitel basiert auf Quellen interner Daten des Unternehmens Sellaround, die vertraulich gehalten werden müssen. Daher sind diese nicht im Anhang zu finden.

Die Idee dahinter basiert vor allem auf dem veränderten Konsumverhalten. Da die neuen Konsumenten alles teilen möchten, sich viel in sozialen Netzwerken aufhalten, auch besonders auf Freunde hören und von Unternehmen erwarten, dass auch diese in sozialen Netzwerken anzutreffen sind, erkannte man die Möglichkeit, Commerce auch über Facebook & Co. zu betreiben. Hinzu kommt, dass sich Sellaround nicht nur zum reinen Abverkauf nutzen lässt, sondern sich auch sehr gut zur Kundenbindung sowie Promotion anbietet. Das heißt, man betreibt auch gleichzeitig Marketing. Man möchte dabei die Reichweite und die Vernetzung der möglichen Konsumenten nutzen. Dadurch kann jeder ganz einfach zum Verkäufer werden und mit seinen Freunden teilen.

Abb. 18: Music Instruments Sellaround

Quelle: http://www.facebook.com/pages/Music-Instruments-via-Sellaroundnet/111084772299171

Durch die gezeigten Beispiele ist eine Tendenz zum Verkauf via Facebook zu erkennen. Immer mehr Organisationen nehmen Social Commerce als interessantes und lukratives Marketing- und Verkaufskonzept wahr. Allerdings geht es hierbei nicht darum, Kontakte zu pflegen, sondern im Mittelpunkt steht vielmehr Commerce anstatt Social. Inwieweit diese Strategie aufgeht, sollen die durchgeführten Umfragen unter den Konsumenten und den Unternehmen zeigen. Anhand dieser soll letztendlich entschieden werden, ob es sich bei Social Commerce wirklich um die Nutzung des Social Web als Distributionskanal handelt oder ob es letztendlich als eine weitere Marketing-Maßnahme angesehen werden kann. Außerdem ist hierbei zu klären, ob die künftigen Social Shopper bereit für die neuen Entwicklungen im E-Commerce sind.

7.   Beschreibung der Befragungen[425]

7.1   Darlegung des Befragungsgegenstands und -ziel

Ziel des ersten Teils der Online-Befragung ist es, sich die zuvor dargelegten theoretischen Ansichten verschiedener Autoren bezüglich des veränderten Verhaltens der Konsumenten auch in der Praxis bestätigen oder widerlegen zu lassen. Kapitel 3 und 4 sind somit die Basis für diese Befragung. Die theoretischen Aussagen der Autoren könnte man teilweise als veraltet ansehen, da sich durch Facebook ein neues soziales Verhalten entwickelt und sich Social Commerce in seiner ursprünglichen Beschaffenheit etwas verändert hat; insbesondere in der Hinsicht, da Facebook immer häufiger auch als Commerce-Tool verwendet wird. Die Hypothesen *H1* und *H2* wurden bereits auf ihre theoretische Korrektheit untersucht. Diese bilden das Grundgerüst für die praktische Beleuchtung der aktuellen Gegebenheiten und Einstellungen der zukünftigen Social Shopper. Durch die Hypothesen besteht eine gewisse Richtung, die vermutet werden kann, allerdings ist die Befragung entscheidend, um diese auch bestätigen zu können.

Im zweiten Teil der Online-Befragung stehen die Unternehmen im Mittelpunkt, die Sellaround als Social Commerce-Tool nutzen. Auch hier ist wiederum entscheidend, ob sich die theoretischen Ansichten der unterschiedlichen Autoren auch in der Praxis bestätigen lassen. Durch die Kooperation mit dem Unternehmen Sellaround war hier eine Befragung der unterschiedlichsten Unternehmen aus den verschiedenen Branchen und Ländern möglich. Die theoretischen Aussagen können auch hier als veraltet angesehen werden, da Unternehmen vermehrt Facebook als direktes Verkaufsmedium verwenden. Durch die Befragung soll geklärt werden, ob eine Absatzerhöhung, eine verstärkte Kundenbindung und eine Verbesserung der Reputation durch Social Commerce möglich ist. Die Basis für diesen Teil der Befragung stellt die Hypothese *H3* dar. Durch die praktische Orientierung lassen sich die aktuellen Gegebenheiten und Einschätzungen der Unternehmen beleuchten. Auch hier hat die theoretische Ausarbeitung eine gewisse Denkrichtung vorgegeben, die durch die Befragung bestätigt oder widerlegt werden soll.

7.2   Untersuchungsmethodik

7.2.1   Aufbau der Fragebögen

Für die Social Shopper wurden insgesamt 23 Fragen zu relevanten Themen ausgearbeitet. Die Themenbereiche sind so aufgeteilt, dass sie die wichtigsten Punkte der Kapitel und somit die entscheidenden Inhalte abdecken. Zunächst dienten eine allgemeine Bestimmung sowie die Gründe für die Nutzung sozialer Netzwerke dafür, das Thema Social Commerce einleiten zu können. Des Weiteren rückten die Themen Produktbewertungen und Empfehlungsmarketing sowie deren Auswirkungen auf Unternehmen in den Mittelpunkt, also das traditionelle Social Commerce. Zuletzt konnte durch gezielte Fragen das heutige Social Commerce-Verhalten sowie Kenntnisnahme und Meinungen diesbezüglich untersucht werden. Im Mittelpunkt stand hier vor allem

---

[425]   Die Fragebögen sind nochmals detailliert im Anhang Nr. 1 bis 13 zu finden.

das Thema, wie sich die zukünftigen Social Shopper bezüglich integrierter Verkaufsmaßnahmen der Unternehmen in sozialen Netzwerken verhalten würden.

Für die Sellaround-Nutzer wurden insgesamt 16 Fragen zu relevanten Themen ausgearbeitet. Die Themenbereiche wurden so vorbereitet, dass alle wichtigen Punkte aus den Kapiteln abgedeckt werden konnten. Auch hier dienten zunächst allgemeine Fragen zur Orientierung, wie zum Beispiel der Aktivitätsgrad der Unternehmen in sozialen Netzwerken. Des Weiteren ging es darum herauszufinden, ob und wie Social Commerce generell in Form von Kommunikationsmöglichkeiten und direkter Interaktion mit den Konsumenten eingesetzt wird, wie zum Beispiel das Integrieren der Kunden in die Wertschöpfungskette des Unternehmen. Außerdem dienten Fragen zu den positiven Veränderungen seit der Nutzung sozialer Netzwerke als grundsätzliche Basis für den Grad der Auswirkung. Zuletzt wurde gezielt auf die Nutzung von Sellaround eingegangen. Im Mittelpunkt standen hier vor allem die Ziele, die Produkte und die Veränderungen im Bezug auf Absatzerhöhung, Kundenbindung und Reputation. Wichtig zu erwähnen ist hierzu, dass sowohl eine deutsche als auch eine englische Version des Online-Fragebogens erstellt wurde, da ca. 50 Prozent der Sellaround-Nutzer aus dem Ausland stammen. Um eine möglichst hohe Anzahl an Teilnehmern generieren zu können, wurde dieser auf Englisch vorbereitet und von einem privaten Kontakt mit der Landessprache Englisch auf seine Richtigkeit geprüft.

Bei den Fragebogenelementen verwendete man unterschiedliche Designs, um entsprechend eindeutige Ergebnisse generieren zu können. Darunter fanden sich sowohl nicht-metrische Skalen im vertikalen Design als auch Multiple Choice mit einem ‚Sonstiges-Feld', wo sowohl mehrere als auch nur eine Antwortmöglichkeit gegeben war. Für persönliche Einschätzungen von ‚trifft voll und ganz zu' bis zu ‚trifft nicht zu' wurden nicht-metrische Skalen im Matrix-Design verwendet, um eine Häufigkeit der Ausprägung darstellen zu können. Zum größten Teil bestanden die Fragebögen aus geschlossenen Fragen, die die Teilnehmer veranlassten, aus den vorgegebenen Antworten die für sie relevanten herauszusuchen. Allerdings gab es einige wenige Bereiche, in denen offene Fragen entscheidend waren wie zum Beispiel welche Unternehmen in sozialen Netzwerken verfolgt werden. Das Integrieren von Sprungregeln empfand man als nicht notwendig, da sowohl bei den Social Shoppern durch die Kontaktaufnahme über Facebook und XING als auch bei den Sellaround Nutzern die Basis für die Nutzung von Social Commerce gegeben war. Antwortmöglichkeiten wie ‚Nein' oder ‚Weiß nicht' galten als ausweichende Alternative, falls Fragen nicht beantwortet werden wollten.

7.2.2 Durchführung

Wie bereits erwähnt, handelte es sich bei der Befragung um eine Online-Umfrage. Erstellt wurde der Fragebogen auf der Basis der zuvor erläuterten theoretischen Ansichten, um diese praktisch darstellen zu können. Für die Fragebogengenerierung wurde das Online-Tool von WORKTOGETHER[426] verwendet. Hierfür wurde das Feedback-Tool, das ursprünglich für Unternehmen gedacht ist, aber für Studenten mit allen Optionen kostenfrei zur Verfügung gestellt

---

[426] Siehe hierzu http://www.worktogether.net/

wird, genutzt. Nach der Fertigstellung des Online-Fragebogens wurde ein personalisierter Online-Link zur Verfügung gestellt.

Die Verbreitung des Online-Links für die Social Shopper erfolgte über das eigene Profil sowohl auf Facebook als auch auf XING. Weitere Freunde teilten diesen Link, um eine größere Verbreitung zu ermöglichen und somit den Social Graph zu nutzen. Auch spezielle Seiten wie Profile anderer Hochschulen sowie spezielle Gruppen zum Thema Social Commerce, E-Commerce und Facebook wurden genutzt, um eine möglichst große Anzahl an Teilnehmern zu ermöglichen. Da es sich bezüglich der Daten von Unternehmen um eine Kooperation mit Sellaround handelt, wurden die Kontakte auch über das Unternehmen hergestellt. Zur Versendung des Links wurden sowohl Newsletter als auch Facebook-Nachrichten vorbereitet, die vom Unternehmen selbst versendet wurden, da eine Bereitstellung der Kontakte aufgrund von Datenschutz-Richtlinien nicht möglich war.

Der Link zur Online-Befragung für Social Shopper wurde vom Zeitraum 02. bis 09. Juni 2011 zugänglich gemacht und mehrfach veröffentlicht. Der Link für die Sellaround-Nutzer wurde vom Zeitraum 07. bis 12. Juni 2011 zur Verfügung gestellt und einmalig über Newsletter sowie Facebook-Nachricht und Post auf der Facebook-Seite von Sellaround versendet. Nach Ablauf der Fristen wurden die Befragungen geschlossen. Bei der Dauer der Beantwortung beider Fragebögen ging man von einer Dauer von ca. 5 bis 10 Minuten aus.

Abb. 19: Post auf der Fanpage von Sellaround

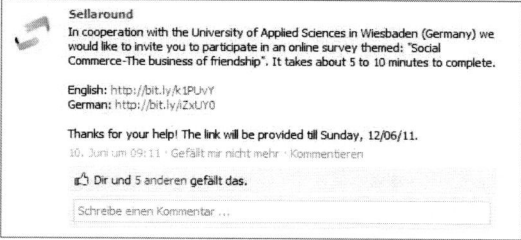

Quelle: http://www.facebook.com/sellaround

Nach Beendigung der Befragung wurden die Daten durch eine vollautomatische Auswertung in Tabellen mit den entsprechenden prozentualen bzw. schriftlichen Ergebnissen zur Verfügung gestellt und teilweise auch grafisch dargestellt. Dies vereinfachte die Auswertung der Antworten ungemein und schaffte einen sofortigen Überblick. Die Resultate wurden allerdings eigens ausgewertet und interpretiert.

7.2.3 Stichprobenbeschreibung

Bezüglich der Stichproben der Social Shopper ist aufgrund des viralen Effekts keine genaue Anzahl der erreichten Social Network-Nutzer möglich. Der Link wurde mehrfach auf den verschiedensten Seiten sowie auf dem eigenen Profil veröffentlicht. Außerdem haben auch Freunde den

Link auf ihrer Pinnwand gepostet. Wie viele User dieser Link letztendlich erreicht hat, kann daher nicht abgeschätzt werden. Insgesamt haben allerdings 155 zukünftige Social Shopper an der Umfrage teilgenommen.

Eindeutige Einschätzungen sind nur bei der Befragung der Sellaround-Nutzer möglich. Hier wurde der Link zur Online-Umfrage ca. 2.700 Facebook- und ca. 1.000 Newsletter-Kontakten zugesandt. Letztendlich war allerdings die Teilnahme verschwindend gering. Lediglich 16 Unternehmen haben sich an der Umfrage beteiligt. Wir sprechen hier also von einer Beteiligung von 0,43 Prozent. Durch die Trennung des Fragebogens in Englisch und in Deutsch konnte festgestellt werden, dass es eine 0,32 prozentige Beteiligung der Deutschen und eine 0,11 prozentige Beteiligung der ausländischen Teilnehmer gab.

7.2.4 Demografische und informative Darstellung der Befragten[427]

Dieser Teil der Befragung ist entscheidend, um herauszufinden, ob die Vermutung, dass es sich bei den Social Shoppern um die bereits erwähnten Millenails handeln könnte, bestätigt werden kann. Die Befragung unter den Social Shoppern ergab folgende demografischen Ergebnisse:

Abb. 20: Alter und Geschlecht der Social Shopper

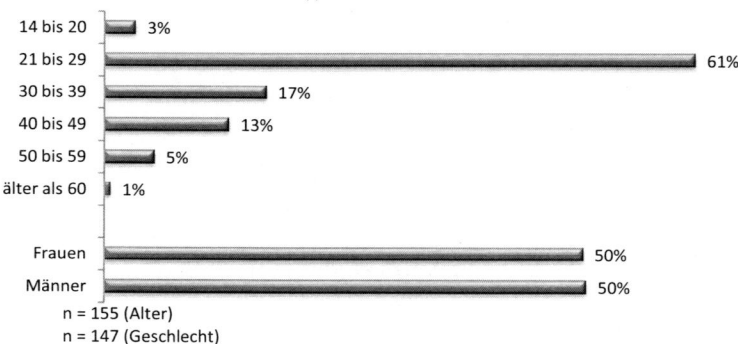

n = 155 (Alter)
n = 147 (Geschlecht)

Wie an der Teilnahme an der Befragung der Social Shopper deutlich wurde, ist der größte Teil zwischen 21 und 29 Jahre. Aus der Theorie wurde deutlich, dass die Millenails, also die Zielgruppe, die besonders affin bezüglich Social Commerce ist, hauptsächlich zwischen 15 und 25 Jahre ist. Dadurch wird bestätigt, dass diese sich besonders in sozialen Netzwerken aufhalten und möglicherweise auch positiv gegenüber Commerce via Social Networks eingestellt sind. Im Bezug auf das Geschlecht ergab sich eine Verteilung von jeweils 50 Prozent. Dies stellte eine geeignete Basis dar, um die Tendenzen und Meinungen bezüglich Social Commerce auch geschlechterunabhängig bewerten zu können.

Bezüglich der Sellaround-Nutzer, also die Unternehmen, die Social Commerce bereits nutzen, ergab sich eine breite Produktpalette. Aus den verschiedensten Bereichen werden bereits Pro-

---

[427]   Alle Grafiken in diesem Kapitel beruhen auf den Ergebnissen der Befragungen und werden in Prozent angegeben.

dukte über soziale Netzwerke vertrieben. Der größte Teil besteht aus dem Marketing, Werbung und Vertrieb (60 Prozent), darunter Merchandising oder besondere Events. Aus dem Dienstleistungsgewerbe und dem Einzelhandel kommen rund 27 Prozent. Auch bezüglich Freizeit, Unterhaltung und Tourismus sowie Internet und Multimedia sieht man mit 20 Prozent die Möglichkeit, Produkte über soziale Netzwerke zu verkaufen. Die anderen Bereiche wurden nur mit relativ geringer Vertretung genannt. Diese Ergebnisse sind entscheidend, um herauszufinden, ob auch die richtigen Produkte über soziale Netzwerke entsprechend der Neigungen der Social Shopper verkauft werden oder nicht. Ein späterer Vergleich der Antworten soll nochmals Aufschluss darüber geben.

Die meisten Unternehmen sind bereits 1 bis 3 Jahre in sozialen Netzwerken tätig (40 Prozent). 33 Prozent der Unternehmen gaben sogar an, dass man mit Social Networks bereits 3 bis 5 Jahre arbeitet. Lediglich 27 Prozent sind weniger als 1 Jahr in sozialen Netzwerken vertreten. Durch die in der Theorie aufgestellte Vermutung, dass erst nach einigen Jahren ein Erfolg sichtbar sei, ist hier die Basis gegeben herauszufinden, ob diese bereits zu verzeichnen sind. Durch die langjährige Erfahrung der Unternehmen kann somit eine deutliche Tendenz erkannt werden, die im folgenden Kapitel nochmals beleuchtet wird.

Abb. 21: Dauer der Tätigkeiten in sozialen Netzwerken

n = 15

■ weniger als 1 Jahr　　■ 1 bis 3 Jahre　　■ 3 bis 5 Jahre　　⊔ mehr als 5 Jahre

Bevor die Ergebnisse der beiden Befragungen ausgewertet werden, ist dringend darauf hinzuweisen, dass es sich bei den Befragungsergebnissen um keine repräsentativen Resultate im Bezug auf die Nutzer sozialer Netzwerke oder Unternehmen handelt. Es wird kein Unterschied bei den Social Shoppern bezüglich Alter oder Geschlecht gemacht. Auch werden sowohl die deutschen als auch die englischsprachigen Unternehmen gleich bewertet. Die Herkunft spielt somit keine Rolle. Die Ergebnisse sollen vielmehr zur Darstellung möglicher Tendenzen und Zukunftsaussichten dienen. Besonders aufgrund der geringen Teilnahme der Unternehmen, die Sellaround regelmäßig nutzen, kann hier keine repräsentative Forschung betrieben werden. Allerdings lassen sich durch beide Befragungen Tendenzen erkennen, was eine Schlussfolgerung zulässt, die in einem späteren Kapitel nochmals genauer beschrieben wird. Der spätere Vergleich der Resultate beider Befragungen soll zusätzlich dazu dienen, um zu erkennen, wie sich Unternehmen in der Zukunft bezüglich Social Commerce verhalten sollten und stellt somit die Basis für eine Handlungsempfehlung dar.

8. Auswertung der Befragungen[428]

8.1 Social Shopper

8.1.1 Nutzung sozialer Netzwerke der Social Shopper

Einleitend für die Befragung war wichtig, zunächst einmal herauszufinden, welche sozialen Netzwerke am häufigsten genutzt werden. Wie bereits aus Kapitel 3 deutlich wurde, stellt Facebook das beliebteste Netzwerk dar, so auch unter den befragten Social Shoppern. 94 Prozent nutzen Facebook. Hinzu kommt, dass insgesamt 80 Prozent der User sogar mehrmals täglich bis täglich online sind. Allerdings spielen auch soziale Netzwerke zum Knüpfen von Geschäftskontakte eine entscheidende Rolle wie beispielsweise XING mit 69 Prozent. Dieses Netzwerk wird vermehrt wöchentlich oder monatlich genutzt, da es mehr zur Selbstdarstellung als zum Knüpfen privater Kontakte dient. Die VZ-Netzwerke, darunter StudiVZ, meinVZ und SchülerVZ, werden von 48 Prozent der Social Shopper zumeist nur wöchentlich oder monatlich genutzt. Auch bezüglich Twitter zeigt sich eine noch rege Nutzung. Insgesamt sind 39 Prozent angemeldet und nutzen dieses zumeist wöchentlich oder monatlich. Durch die Frage, wie oft bestimmte soziale Netzwerke verwendet werden, wird deutlich, dass zwar viele registriert sind, aber häufig keine tägliche Nutzung stattfindet. Lediglich Facebook kann mit einer häufigen Verwendung punkten. E-Commerce oder auch die Suche nach Produkten stellt einen regelmäßigen Vorgang dar. Daher sollten Shops in den sozialen Netzwerken integriert werden, in denen sich die Konsumenten auch täglich oder zumindest wöchentlich aufhalten.

Abb. 22: Nutzung sozialer Netzwerke

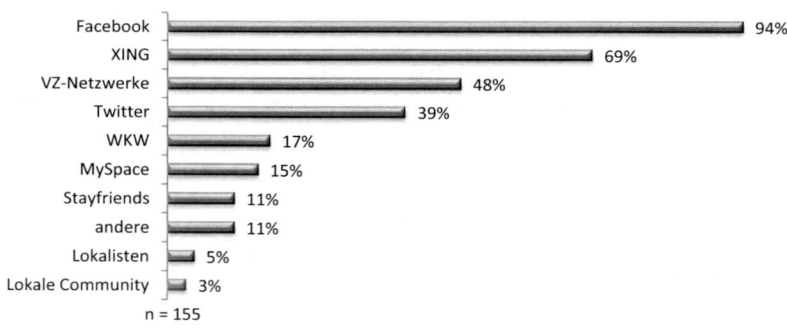

n = 155

Bezüglich der Gründe für die Nutzung der sozialen Netzwerke werden die aus der Theorie gewonnenen Erkenntnisse zumeist bestätigt. Der Hauptgrund für die Nutzung besteht somit aus dem Halten der Kontakte zu Freunden oder Bekannten mit 92 Prozent. Wie auch bei der Nutzung sozialer Netzwerke zeigt sich für die Gründe eine ähnliche Verwendung auf. Denn auch um Geschäftskontakte wie zum Beispiel über XING zu knüpfen, scheinen sich soziale Netzwerke re-

---

[428] Alle Grafiken in diesem Kapitel beruhen auf den Ergebnissen der Befragungen und werden in Prozent angegeben.

ger Beliebtheit zu erfreuen. Erstaunlicherweise nennen die Befragten die Informationssuche über Unternehmen, Marken und Produkte in sozialen Netzwerken noch vor dem Austausch mit Gleichgesinnten und dem Kennenlernen neuer Menschen. Dadurch kann vermutet werden, dass die Interaktion mit Unternehmen einen wichtigen Stellenwert für die Social Shopper einnimmt.

Abb. 23: Gründe für die Nutzung

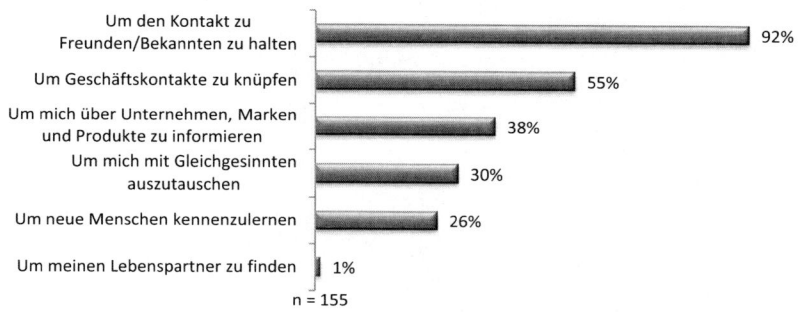

8.1.2 Einstellungen bezüglich Empfehlungen und Bewertungen

Betrachtet man die Wichtigkeit des Empfehlungsmarketings und der Produktbewertungen theoretisch, zeigt sich, dass diese einen hohen Stellenwert im Bezug auf E-Commerce einnehmen und darauf letztendlich Social Commerce basiert. Dieser theoretische Standpunkt kann auch praktisch bestätigt werden. Die Umfrage unter den Social Shoppern ergab, dass rund 92 Prozent sich immer bzw. oft vor einem Kauf im Internet über das entsprechende Produkt informieren. Lediglich 7 Prozent tun dies selten. Dies gilt sowohl für Online- als auch für Offlinekäufe im stationären Handel (76 Prozent). Rund 18 Prozent tun dies bei Online- und ca. 2 Prozent bei Offlinekäufen. Lediglich 4 Prozent informieren sich überhaupt nicht online. Das Internet ist letzten Endes ein beliebtes Medium für die Informations- und Produktsuche.

Abb. 24: Informations- und Produktsuche vor dem Kauf

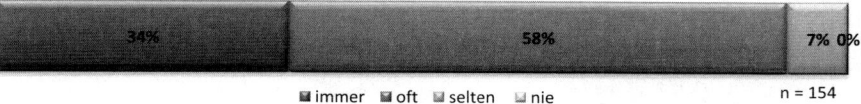

Abb. 25: Internetsuche bei Online- und Offlinekäufen

Die Suche über das Internet wird vermehrt für technische Produkte genutzt wie zum Beispiel Kameras, Computer und Zubehör, Unterhaltungselektronik, Telekommunikationsgeräte oder Haushaltsgeräte. Allerdings werden auch in den Kategorien Reisen, Restaurants, Bücher und Kleidung vor einem Kauf nach möglichen Kriterien gesucht. Die wirklichen Meinungen der User über Produkte scheinen hingegen keinen enormen Stellenwert dabei zu haben. 32 Prozent gaben bei der Frage, ob sie diese in die Kaufentscheidung mit einbeziehen, an, dass sie eher seltener oder auch nur 1 Mal im Monat relevant sind. Lediglich 13 Prozent hören mindestens 1 Mal in der Woche bzw. 17 Prozent alle 2 Wochen auf Bewertungen und Meinungen anderer Konsumenten.

Abb. 26: Einbeziehung von Usermeinungen oder Produktbewertungen

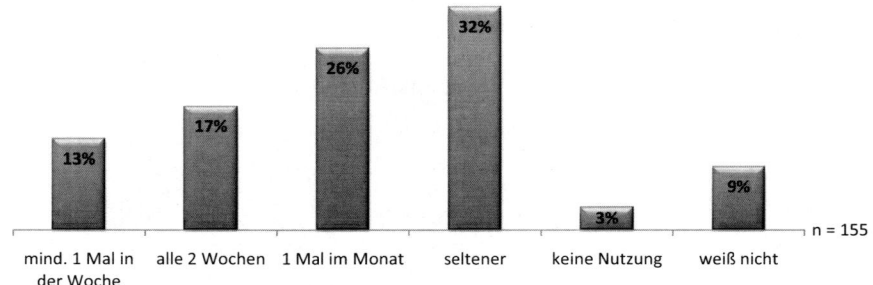

Ein anderes Bild zeigt sich indes bei der Frage, ob eine Bewertung schon einmal zu einem Abbruch oder Durchführung eines Kaufes geführt hat. Zwar geben die Social Shopper an, dass sie weniger Bewertungen oder Meinungen mit einbeziehen, allerdings zeigt sich, dass ca. 75 Prozent bereits einen Kauf abgebrochen und 81 Prozent einen Kauf durchgeführt haben aufgrund negativer oder positiver Kommentare anderer Konsumenten. Dadurch wird verdeutlicht, dass zwar das Einbeziehen von Produktbewertungen nicht so häufig explizit genutzt wird, aber wenn dies doch der Fall ist, durchaus eine entscheidende Rolle beim Kauf eines Produkts spielen.

Abb. 27: Bedeutung von Bewertungen bei einem Kauf

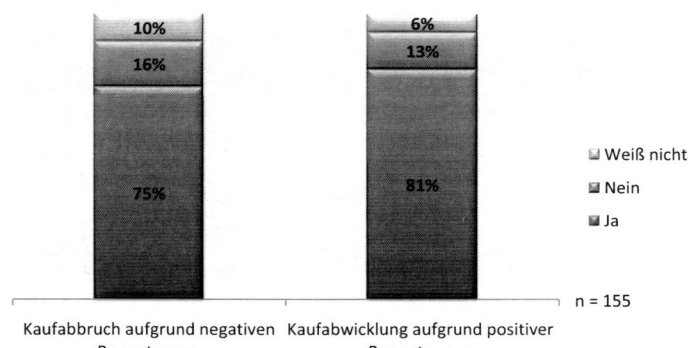

Generell sind den Social Shoppern die Bewertungen sowohl von Freunden und Bekannten, als auch von fremden Personen wichtig (70 Prozent). 15 Prozent gaben an, dass ihnen diese sogar sehr wichtig sind. Nur 14 Prozent äußerten sich eher negativ dazu und gaben an, ihnen sei es eher unwichtig bis gar nicht wichtig.

Bezüglich der Information, Glaubwürdigkeit, Direktheit und Überzeugungskraft der Nutzermeinungen und Produktbewertungen lässt sich erkennen, dass die Probanden recht vorsichtig sind. Somit sind diese, laut des Befragungsergebnisses, nur teilweise informativer als die Informationen von Unternehmen. So kann davon ausgegangen werden, dass man Informationen der Unternehmen mehr Glauben schenkt. Allerdings sind die Befragten auch der Ansicht, dass die Meinungen anderer Konsumenten glaubwürdiger seien (insgesamt 61 Prozent). Auch halten die Social Shopper diese für deutlich direkter (insgesamt 69 Prozent). Somit könnte davon ausgegangen werden, dass die Ehrlichkeit der Konsumenten einen deutlich informativeren Charakter als Informationen der Unternehmen selbst hat. Trotz allem vertrauen Konsumenten häufig nicht immer den Meinungen. 45 Prozent gaben an, dass diese überzeugender wären. Aber auch weitere 45 Prozent sagen dazu, dass dies nur teilweise der Fall sei. So kann letztendlich davon ausgegangen werden, dass man Meinungen und Kommentare anderer häufig für glaubwürdig und direkt hält, man aber nicht gleich davon ausgeht, dass diese informativer oder überzeugender sind. Es zeigt sich das Bild, dass man bedacht mit den Aussagen anderer umgeht.

Abb. 28: Einstellung bezüglich Nutzermeinungen und Informationen von Unternehmen

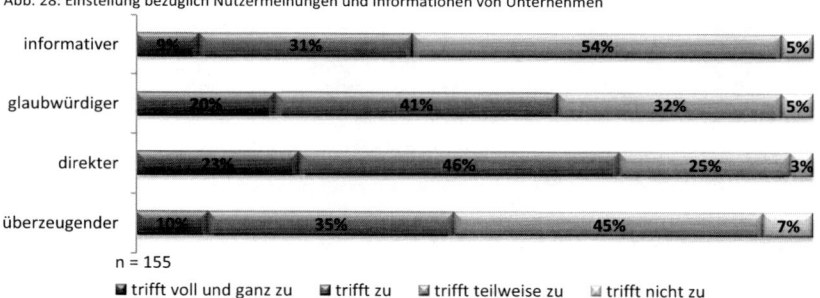

n = 155

■ trifft voll und ganz zu   ■ trifft zu   ■ trifft teilweise zu   ▨ trifft nicht zu

Social Commerce kann durchaus auch Einfluss auf die Meinung zu einer Marke haben. Theoretisch konnte dies bereits bestätigt werden und wird durch die praktischen Ergebnisse der Umfrage nochmals deutlich. So äußerten sich 63 Prozent der Befragten dazu, ob eine Nutzermeinung schon einmal zu einer Verbesserung oder Verschlechterung der eigenen Meinung zu einer Marke geführt hat, dass beides bereits vorgekommen sei. 15 Prozent jedoch äußern sich dazu, dass dies noch nicht der Fall war. Letztendlich zeigt sich, dass eine große Macht von den Konsumenten heute ausgeht. Social Commerce übt einen enormen Einfluss auf die Meinungen zu Marken aus. Hinzu kommt, dass bereits 60 Prozent selbst einmal eine Bewertung oder ihre Meinung zu einem Produkt abgegeben haben. 35 Prozent haben dies noch nicht getan.

Es ist somit eine Tendenz weg von den Informationen von Unternehmen zu einem offenen Dialog unter und mit Konsumenten erkennbar. Zwar zieht man die Nutzermeinungen eher seltener mit ein, geschieht dies allerdings doch, so sind sie häufig ausschlaggebend für einen Kauf oder für die Meinung über eine Marke.

8.1.3 Einstellung gegenüber Unternehmen in sozialen Netzwerken

Jedoch offenbart sich auch, dass Unternehmen durchaus Erfolg im Bezug auf ihre Präsenz in sozialen Netzwerken haben können, indem sie sich dort aufhalten, wo auch die Kunden interagieren. 76 Prozent der Social Shopper betonen, dass ihnen bereits Unternehmen, Produkte und Marken in ihrem sozialen Netzwerk aufgefallen sind. Bezüglich des Interesses gegenüber diesen teilt sich allerdings die Meinung der Konsumenten. 36 Prozent gaben an, dass sie keine Unternehmen in ihrem sozialen Netzwerk verfolgen. Die Mehrheit allerdings verfolgt regelmäßig die Aktivitäten der Unternehmen. 33 Prozent interessieren sich für 1 bis 3 und 14 Prozent für 3 bis 10 Unternehmen in ihrem sozialen Netzwerk. 9 Prozent verfolgen sogar 10 oder mehr Unternehmensseiten.

Abb. 29: Verfolgte Unternehmen in sozialen Netzwerken

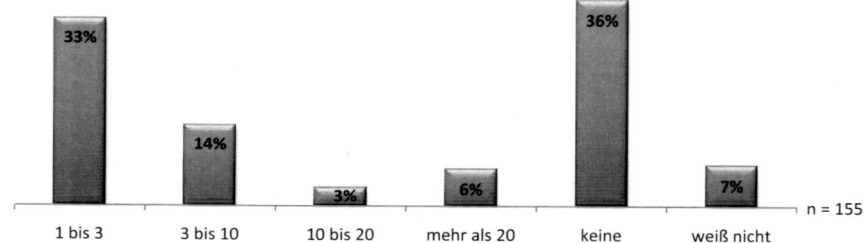

| 1 bis 3 | 3 bis 10 | 10 bis 20 | mehr als 20 | keine | weiß nicht | n = 155 |

Die meisten Unternehmen, die diesbezüglich genannt wurden, stammen vorwiegend aus der Automobilindustrie wie Daimler, BMW oder Audi sowie Textil- und Bekleidungsindustrie wie H&M, promod oder Otto. Auch bekannte Marken wie Coca-Cola, Haribo, Pril oder Adidas wurden hier genannt. Außerdem verfolgen die Social Shopper auch aktuelle Gegebenheiten über Magazine wie Horizont oder Handelsblatt, aber auch themenbezogene Magazine wie die Vogue. Grundsätzlich kann man festhalten, dass vor allem bekannte Marken sehr beliebt sind.

Auch bezüglich der direkten Kontaktaufnahme zu Unternehmen teilen sich die Meinungen. Wie bereits vorher deutlich wurde, zeigt etwa die Hälfte der Social Shopper kein Interesse an Unternehmen, Marken und Produkte. Daher ist es auch nicht verwunderlich, dass die direkte Kontaktaufnahme zu diesen eher geringer ausfällt. So standen 54 Prozent der Befragten noch nicht in direkter Interaktion mit Unternehmen in sozialen Netzwerken. 39 Prozent hingegen scheuen sich nicht vor dem Kontakt mit Unternehmen.

Bezüglich des Themas, ob sich Unternehmen in sozialen Netzwerken aufhalten sollten, zeigen sich wiederum zwei gegensätzliche Meinungen. 46 Prozent ist dies sehr wichtig bis wichtig, 54 Prozent jedoch scheint es eher unwichtig zu sein. Somit ist hier keine klare Tendenz zu erkennen. Vermutet wird, dass es darauf ankommt, wie sich Unternehmen dort verhalten und wie wichtig dieses persönlich für die Nutzer ist. Befindet sich nun der Arbeitgeber im eigenen sozialen Netzwerk, wird die Sympathie oder Unterstützung gerne ausgedrückt.

Abb. 30: Relevanz der Kommunikation mit Unternehmen

n = 155

■ Ja   ■ Nein   ■ Weiß nicht

Abb. 31: Relevanz von Unternehmen in sozialen Netzwerken

n = 155

■ trifft voll und ganz zu   ■ trifft zu   ■ trifft teilweise zu   ■ trifft nicht zu

Letztendlich kann das Fazit gezogen werden, dass sich ein Teil mit Unternehmen, Marken und Produkten aktiv auseinander setzt und auch die Kontaktaufnahme nicht ausschließt. Der andere Teil hingegen zeigt generell kein Interesse an diesen und sucht daher auch keine Interaktion und Kommunikation. Sie sehen eher eine geringere Relevanz an Unternehmen in ihrem sozialen Netzwerk. Die Nutzer betonen hier relativ häufig, dass soziale Netzwerke dem privaten Gebrauch dienen, um die Kontakte mit Freunden und Bekannten zu halten. Kontakt zu Unternehmen, Marken oder Produkte erscheint daher eher unwichtig.

8.1.4   Social Commerce in sozialen Netzwerken

Im Rahmen des Themas Social Commerce in sozialen Netzwerken konnte eine eher geringere Beteiligung festgestellt werden. Auf die Frage, ob bereits ein Produkt eines Unternehmens oder einer Marke zum Beispiel per Link oder im eigenen Newsfeed veröffentlicht wurde, antwortete die Mehrheit mit Nein (60 Prozent). Jedoch zeigt sich auch, dass 29 Prozent der Social Shopper dies bereits getan haben. Bei den veröffentlichten Produkten handelte es sich um Produkte aller Art. Zumeist wurden auch hier technische Produkte veröffentlicht wie zum Beispiel Computer, Kamera oder Mobilfunkgeräte. Auch Bücher und Modeartikel wurden des Öfteren genannt.

Abb. 32: Veröffentlichung von Produkten im sozialen Netzwerk

n = 155

■ Ja   ■ Nein   ■ Weiß nicht

Der Hauptgrund für die Veröffentlichung im sozialen Netzwerk bestand darin, es den Freunden zu zeigen (54 Prozent). Hingegen gaben 31 Prozent der Befragten an, dass es keinen besonderen Grund dafür gab. Auch die Meinungen der Freunde scheinen eher unwichtiger zu sein (21 Prozent). Seltener wollte man zeigen, was man gekauft hat oder kaufen wird (jeweils 12 Prozent). Vielmehr geht es tendenziell darum, die Produkte zu zeigen und Eigenwerbung zu generieren, was wiederum mit dem theoretisch beleuchteten Thema der Selbstdarstellung in sozialen Netzwerken kongruent gesehen werden kann. Daher wurde unter dem Reiter ‚Sonstiges' relativ häufig Werbung bzw. Eigenwerbung genannt. Es zeigt sich, dass nicht nur Unternehmen in sozialen Netzwerken werben, sondern auch die Konsumenten selbst.

Abb. 33: Gründe für die Veröffentlichung von Produkten

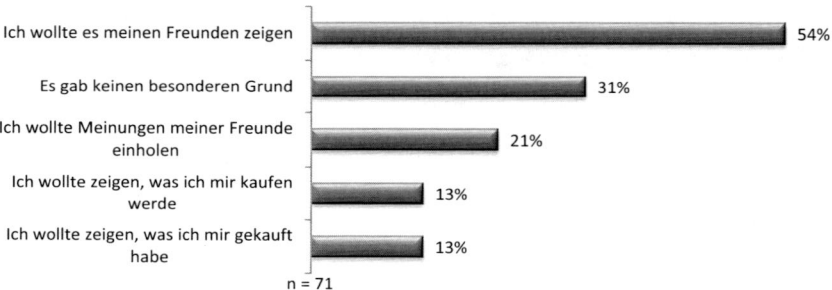

n = 71

Geht es explizit um die Produkte, die Social Shopper auf ihrem persönlichen Profil in ihrem sozialen Netzwerk veröffentlichen würden, tendiert man hier, wie auch bei der Informations- und Produktsuche, zu den eher technischen Geräten wie Kameras, Computergeräte und Zubehör, Unterhaltungselektronik und Telekommunikationsgeräte, aber auch Mode gehört zu den beliebten Produktkategorien. Am häufigsten genannt wurden allerdings Bücher (45 Prozent), Restaurants (44 Prozent) und Reisen (37 Prozent). Dies lässt vermuten, dass unter Freunden eher persönliche Tipps und Anregungen gefragt sind, die das Leben verbessern und zum täglichen Konsum gehören oder der Entspannung und Freizeit dienen. Interessante Antworten ergaben sich auch aus dem Feld ‚Sonstiges'. Hier wurde von einem Probanden betont, dass alle Produkte veröffentlicht werden würden, solange diese überzeugend sind. Andere wiederum verweisen darauf, dass es nicht auf die Produktart ankommt, sondern letztendlich wie gut dieses sei. Die theoretische Darlegung, dass Unternehmen ihre Produkte und Marken interessant halten sollten, damit diese auch weiterempfohlen werden, kann dadurch letztendlich bestätigt werden.

8.1.5 Shops in sozialen Netzwerken

Zur Einleitung der expliziten Fragen bezüglich Shops in sozialen Netzwerken sollte zunächst geklärt werden, ob bereits verkaufsfördernde Maßnahmen aufgefallen sind. Es wurde deutlich, dass dies bei 68 Prozent der Befragten der Fall war. Lediglich 18 Prozent scheinen solche Maßnahmen nicht erkannt zu haben bzw. 14 Prozent wissen es nicht genau.

Abb. 34: Verkaufsfördernde Maßnahmen in sozialen Netzwerken

| 68% | 18% | 14% |

■ Ja ■ Nein ◻ Weiß nicht   n = 154

Bei der genauen Beschreibung dieser verkaufsfördernden Maßnahmen wurde kein einziges Mal ein integrierter Shop genannt. Somit kann davon ausgegangen werden, dass diese bislang noch nicht aufgefallen sind. Hauptsächlich nannte man diesbezüglich Gewinnspiele, besondere Rabatt-Aktionen, Specials oder Verlosungen, die über soziale Netzwerke gestartet werden. Auch Werbeanzeigen in Form von Werbebanner in sozialen Netzwerken sind relativ häufig aufgefallen. Manche nannten dies nervig, andere wiederum betonten, dass Social Media kein Vertriebskanal sei. Generell reagierte man vermehrt negativ auf verkaufsfördernde Maßnahmen von Unternehmen.

Des Weiteren sollte herausgefunden werden, ob die Social Shopper auch wirklich bereit dazu sind, in einem integrierten Shop in ihrem sozialen Netzwerk Produkte zu kaufen. Nur 13 Prozent äußerten sich dazu positiv. Die Mehrheit ist sich diesbezüglich allerdings unsicher. Die Hälfte der Befragten drückten ihre Zweifel mit einem Vielleicht oder Weiß nicht aus. 38 Prozent hingegen entscheiden sich bei dieser Frage für ein direktes Nein, wie nochmals aus der folgenden Grafik entnommen werden kann.

Abb. 35: Kaufpotenzial in einem integrierten Online-Shop

| 13% | 38% | 40% | 10% |

■ Ja ■ Nein ◻ Vielleicht ◻ Weiß nicht   n = 154

Bei der Frage nach der Begründung ihrer Antwort ergaben sich häufig dieselben Argumentationen. Diejenigen, die in integrierten Shops kaufen würden, sehen die Vorteile darin, dass es deutlich einfacher und schneller wäre. Man müsse das Netzwerk zum Shoppen nicht mehr verlassen und könne mögliche Rabatte oder Aktionen nutzen. Jedoch verlangt man, dass sich daraus wirkliche Vorteile ergeben. Auch die gleichen Konditionen wie in den regulären Shops sind hier gewünscht. Die Social Shopper, die deutlich davon absagen, argumentieren zum einen mit dem Datenschutz und zum anderen mit dem Nutzen. Man vertritt mehrmalig die Ansicht, dass soziale Netzwerke generell zu unsicher seien. Im Mittelpunkt steht daher die Angst, zu viele Informationen über sich preiszugeben und dadurch beeinflusst zu werden. Die sozialen Netzwerke sollten nicht auch noch das Kaufverhalten ihrer User kennen, so ein Proband. Auch der wirkliche Nutzen hinter einem integrierten Shop ist zumeist unklar. Warum in Facebook kaufen, wenn es auch reguläre Shops gibt? So ist man öfter der Meinung, dass man klar zwischen sozialem Netzwerk und dem Kauf von Produkten trennen sollte. Ein Zitat eines Teilnehmers dazu lautete: ‚Socializing is focused on members, not sales'. Die direkte Bestellung sei außerdem viel sicherer. Wenn etwas schief geht, wisse man genau, wen man ansprechen kann. Die Einfachheit, die die Befürworter darin sehen, wird von den Gegnern durch die Argumentation, es sei viel zu umständlich, entkräftet. Man vertraut immer noch gerne Google, Amazon und eBay und bleibt vorzugsweise dem traditionellen Weg treu. Diejenigen, die vielleicht Produkte über integrierte Shops kaufen würden, argumentieren hier ebenfalls mit dem geringen Vertrauen in die sozialen Netzwerke, aber auch mit dem Produkt- und Preissortiment. Bedingung sei es, dass die Angebote lukrativ, der Preis der gleiche wie im regulären Shop und die Abwicklung vertrauenswürdig ist. Außerdem müsste der Shop auch etwas zu bieten haben; die Produktpräsentationen seien zum Teil noch nicht überzeugend. Erst dann würde eine Tendenz zu einem Kauf über integrierte Shops bestehen.

Bezüglich der Produkte, die sich über einen integrierten Shop via soziale Netzwerke verkaufen lassen würden, zeichnet sich ein ähnliches Bild wie bei den Produkten, die auf dem persönlichen Profil veröffentlicht werden würden, ab. Die Mehrheit der Probanden gab an, dass sie vor allem Bücher (54 Prozent) und Modeartikel (52 Prozent) über Social Networks erwerben würden. Auch Kameras, Computergeräte, Unterhaltungselektronik und Telekommunikationsgeräte sind sehr beliebt (zwischen 20 und 30 Prozent). Interessanter Weise würden auch knapp 23 Prozent ihre Reisen über soziale Netzwerke buchen. Auch Kosmetikartikel (18 Prozent) stellen immer noch eine interessante Produktgruppe dar, wenn es um den Erwerb über soziale Netzwerke geht.

Des Weiteren sollte herausgefunden werden, ob Auszüge aus regulären Shops oder ein kompletter Shop bevorzugt wird. Mittlerweile findet man beide Optionen bereits in sozialen Netzwerken. Zumeist sind dies komplett integrierte Shops. Allerdings zeigt sich unter den befragten Social Shoppern eine andere Tendenz. Rund 40 Prozent gaben diesbezüglich an, dass generell an einer Integration kein Interesse bestehe. 20 Prozent sind sich hierbei nicht sicher. Lediglich 13 Prozent der Befragten befürworten einen kompletten Online-Shop. Die Argumente basieren insbesondere in der Einsicht aller Produkte, die angeboten werden. Die Devise ist hier: Ganz oder gar nicht. Ein Proband sprach sich hier auch für die Unternehmen aus: ‚Als Unternehmen würde ich alle Distributionsquellen nutzen, um meine Produkte zu verkaufen'. 28 Prozent der Social Shopper äußerten sich allerdings gegen eine komplette Integration. Man betont diesbezüglich nochmals, dass man Social Media und Shopping eindeutig voneinander trennen sollte. Auszüge oder besondere Aktionen, wie es zum Beispiel bei JOOP! der Fall ist, empfindet man als ausreichend. Bei Interesse würde man sich das komplette Sortiment letztendlich auf dem externen Shop anschauen. Man sieht die Veröffentlichung von Teilen aus dem Produktangebot lediglich als Werbung an. Außerdem spielt auch das Vertrauen eine Rolle. Man äußerte die Befürchtung, wenn etwas über einen integrierten Shop gekauft worden ist, dieses Produkt auch im eigenen Newsfeed zu finden sei. Dies würde man nicht befürworten. Durch diese Frage zeigt sich eine eher negative Tendenz im Bezug auf Commerce über soziale Netzwerke. Das Interesse scheint hierbei noch auf Unsicherheit und geringen Nutzerwert von Seiten der User zu stoßen.

Abb. 36: Art des Shops in sozialen Netzwerken

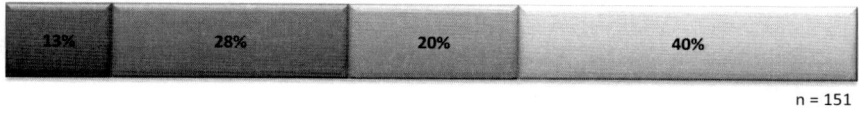

n = 151

■ kompletter Online-Shop   ■ Auszüge reichen aus   ■ Weiß nicht   ■ Interessiert mich nicht

8.2 Sellaround Nutzer

8.2.1 Aktivität in sozialen Netzwerken

Bei den Unternehmen ergaben sich ähnliche Ergebnisse wie bei den Social Shoppern. Man scheint erkannt zu haben, welche sozialen Netzwerke wichtig sind und nutzt diese mit entsprechender Intensität. Somit gaben 100 Prozent der Unternehmen an, dass sie Facebook nutzen. Auch Twitter erfreut sich bei den Sellaround-Nutzern mit reger Beliebtheit. Ungefähr 81 Prozent nutzen dieses soziale Netzwerk. XING in seiner Hauptaufgabe, Geschäftskontakte zu knüpfen, aber auch um neues Personal zu rekrutieren, ist mit rund 63 Prozent noch ein sehr beliebtes Netzwerk. Die anderen zur Wahl gestandenen Social Media-Tools scheinen eher unwichtiger zu sein. Zwar halten sich Unternehmen mit 25 Prozent noch bei MySpace auf, allerdings wurden die VZ-Netzwerke überhaupt nicht genannt. Diese dienen wohl vielmehr dem privaten Gebrauch der Konsumenten.

Abb. 37: Nutzung sozialer Netzwerke von Unternehmen

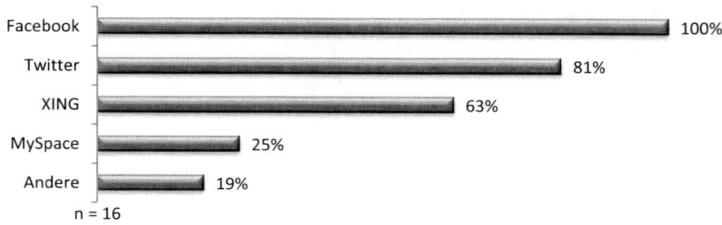

Die Gründe für die Nutzung sozialer Netzwerke sind recht vielseitig. Durch die Möglichkeit, mehrere Optionen zu nennen, zeigt sich allerdings eine klare Tendenz zur allgemeinen Bekanntmachung. Den Unternehmen scheint es vielmehr darum zu gehen, sich dort aufzuhalten, wo auch die Konsumenten sind und somit ihren Status und ihre Bekanntheit zu steigern. Dies gilt sowohl für das Unternehmen selbst, als auch für deren Produkte. Es zeigt sich, dass Unternehmen allerdings vielmehr ihre Produkte als ihre Marke bekannt machen wollen. Auch das Bilden neuer Geschäftskontakte sowie der direkte Kontakt zu den Kunden sind den Unternehmen sehr wichtig. Hier geht es ihnen vermehrt darum, entsprechendes Feedback zu generieren. Weniger entscheidend ist für Unternehmen, Personal zu rekrutieren oder auch die Kunden direkt in die Wertschöpfungskette zu integrieren. Interessant ist bei dieser Frage allerdings, dass lediglich 44 Prozent ihre Produkte über soziale Netzwerke verkaufen möchten. Daraus lässt sich erkennen, dass

vielmehr die Präsenz und die Kommunikation und Interaktion mit Konsumenten und Geschäfts-
partnern auf sozialen Netzwerken eine Rolle spielen, als das Schaffen eines neuen Distributions-
kanals. Die genauen Ergebnisse lassen sich nochmals aus der folgenden Grafik ablesen.

Abb. 38: Gründe für die Nutzung sozialer Netzwerke

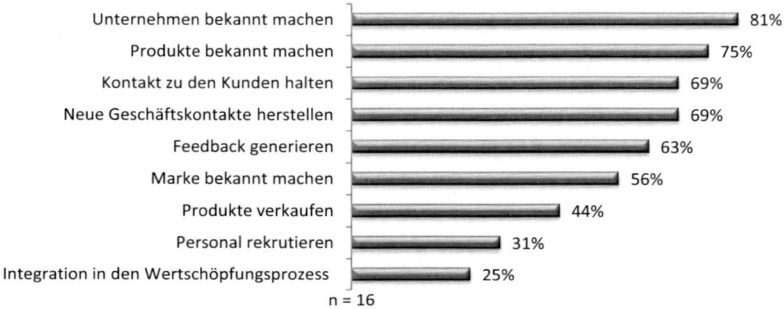

n = 16

Die Mehrheit hat erkannt, dass Kunden durch die Nutzung sozialer Netzwerke deutlich mehr
Einfluss auf Unternehmen, Marken und Produkte haben. Auch ist zu erkennen, dass man vermehrt im regelmäßigen Kontakt zu den Kunden steht und versucht, deren Wünsche, Bedürfnisse
und Anregungen zu berücksichtigen. Das Feedback wird genutzt, um sich an diese neuen Bedürfnisse anzupassen. Und nicht nur das. Man nutzt die Kenntnisse der Kunden, um diese als Teil des
Unternehmens zu sehen, als Innovatoren und Partner einzusetzen und sie somit in den Ge-
schäftsprozess zu integrieren. Es findet eine deutliche Tendenz hin zu einer Partnerschaft zwischen Unternehmen und Konsumenten statt. Lediglich ein geringer Anteil scheint sich dieser
Veränderung noch nicht bewusst zu sein. Diese Aussagen und Änderungen treffen auf die Mehrheit der Unternehmen voll und ganz oder auch nur zu. Jedoch erkennt man deutlich, dass Unternehmen gewillt sind, sich an ihre Konsumenten anzupassen.

Abb. 39: Interaktion mit den Kunden

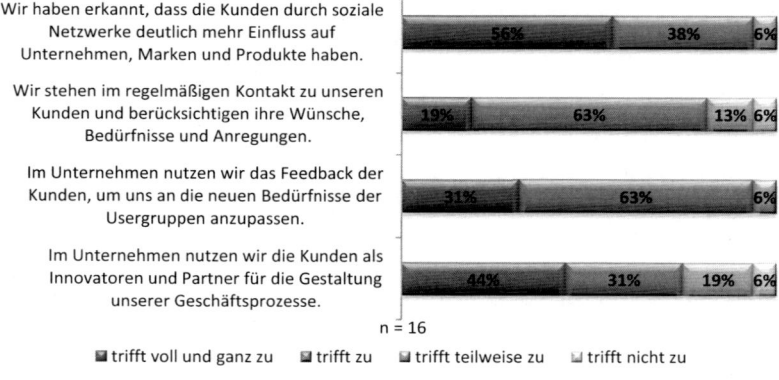

n = 16

8.2.2 Interaktion und Kommunikation mit Kunden

Daher ist es auch nicht verwunderlich, dass vermehrt Kommunikations- und Interaktionsmöglichkeiten für die Kunden und Konsumenten angeboten werden. 75 Prozent der befragten Unternehmen stellen diese bereits zur Verfügung und bei 19 Prozent der Befragten sind sie zumindest in Planung. Lediglich eine geringe Anzahl stellt keine Kommunikationsmöglichkeiten für Kunden bereit. Auf der Basis der Ergebnisse über die Nutzung sozialer Netzwerke ist es nicht verwunderlich, dass die Mehrheit der Unternehmen vor allem Facebook-Plugins (93 Prozent) oder auch Twitter-Plugins (36 Prozent) verwenden. Auch die Empfehlungsbuttons (64 Prozent) erfreuen sich großer Beliebtheit. Häufig eingesetzt werden auch Bewertungssysteme (43 Prozent). Auch die klassische Form des Social Commerce, das Social Bookmarking, findet sich häufig noch auf den Webseiten und Online-Shops (50 Prozent).

Auch die Unternehmen selbst stehen mit ihren Kunden in regelmäßigem Kontakt. 47 Prozent der Sellaround-Nutzer gaben an, dass sie täglich die Kommunikation und Interaktion suchen. 27 Prozent nutzen diese Möglichkeit ab und an und 20 Prozent zumindest wöchentlich. Lediglich eine geringe Anzahl stellt keinen direkten Kontakt mit den Kunden her (7 Prozent).

Abb. 40: Direkter Kontakt mit den Kunden

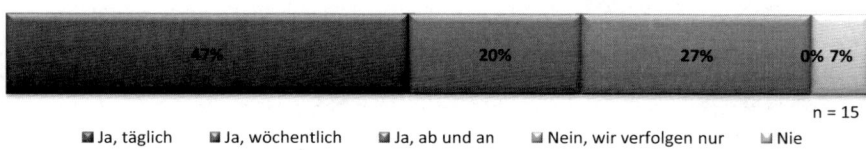

n = 15

◼ Ja, täglich   ◼ Ja, wöchentlich   ◼ Ja, ab und an   ◼ Nein, wir verfolgen nur   ◼ Nie

Entscheidend ist hier allerdings nicht nur die Kommunikation mit den Konsumenten, sondern auch auf welcher Basis diese stattfindet. Bei der Frage, ob die Unternehmen auch auf das Feedback der Kunden achten und versuchen, dieses umzusetzen, äußerte man sich vorwiegend positiv. 27 Prozent sagten, sie würden dies immer tun und 67 Prozent nutzen das Feedback der Kunden ab und an. Knapp 7 Prozent sind diesbezüglich eher vorsichtig und machen es abhängig vom jeweiligen Input der Kunden.

Abb. 41: Umsetzung des Feedbacks der Kunden

n = 15

◼ Ja, immer   ◼ Ja, ab und an   ◼ Kommt auf das Feedback an

Dieses positive Resultat lässt sich auch im Bezug auf die Optimierung der Wertschöpfungskette der Unternehmen erkennen. Lediglich 9 Prozent integrieren die Bewertungen der Kunden über soziale Netzwerke nicht im Unternehmen. 55 Prozent nutzen die Chance der direkten Bewertungen der Kunden und optimieren die Wertschöpfungskette nach deren Bedürfnissen. 36 Prozent tun dies zumindest ab und an. Die Kunden werden als Innovatoren und Partner der Unternehmen vielseitig eingesetzt. Am beliebtesten ist der Bereich Marketing und Branding. Wie bereits aus der Theorie deutlich wurde, stellen die Konsumenten und Kunden die besten Werbepartner dar. Dies scheint den Unternehmen auch praktisch mittlerweile klar zu sein. Auch bezüglich der Entwicklung, Gestaltung und Bewertung werden die Meinungen und Ideen der Kunden berücksichtigt. Häufig werden auch der Service und die Kundenbetreuung an die Wünsche und Bedürfnisse der Kunden angepasst.

Abb. 42: Optimierung der Wertschöpfungskette

55%   9%   36%

■ Ja   ■ Nein   ⊔ Ab und an   n = 11

Bezüglich der Kommunikation mit den Konsumenten bauen die Unternehmen besonders auf Glaubwürdigkeit, Vertrauen und Authentizität. Diese Eigenschaften empfinden 73 Prozent der befragten Unternehmen als sehr wichtig und 27 Prozent als wichtig im Bezug auf dem Umgang mit Kunden in sozialen Netzwerken. Bezüglich der Aussage, dass das Unternehmen in sozialen Netzwerken völlig kooperativ und transparent auftrete, gaben 47 Prozent an, dass dies voll und ganz zutreffe, und bei 53 Prozent treffe dies zu. Somit kann man sagen, dass die Unternehmen verstanden haben, dass die Kommunikation mit den Konsumenten entscheidend für ihren Erfolg ist. Allerdings ist auch deutlich geworden, dass diese hierbei besonders auf die Wünsche und Bedürfnisse eingehen, eine Integration versuchen und dabei kooperativ und transparent im Umgang mit ihren Kunden sind.

8.2.3 Bedeutung des Einsatzes sozialer Netzwerke

Dieser Teil der Befragung behandelt die Nutzung sozialer Netzwerke und deren generellen Einfluss auf die Unternehmen. Hierbei wird noch nicht explizit auf Social Commerce eingegangen, sondern eher allgemein die Erfolge durch Social Media beleuchtet, um einen späteren Vergleich zu ermöglichen. Wie bereits theoretisch angesprochen wurde, dienen soziale Netzwerke vielmehr dazu, die Zugriffszahlen auf der eigenen Webseite und das Suchmaschinen-Ranking zu erhöhen. Dies sollte auch hier praktisch beleuchtet werden. Lediglich 53 Prozent nutzen Web-Tracking Tools, um das Verhalten der Besucher auf ihren Webseiten analysieren zu können. 60 Prozent dieser gaben allerdings an, dass sich der Traffic durch Social Networking erhöht hat. Dadurch kann die Schlussfolgerung gezogen werden, dass soziale Netzwerke für die Eigenwerbung der Unternehmen geeignet sind. 40 Prozent sind sich diesbezüglich nicht sicher. 47 Prozent der Unternehmen bestätigten allerdings auch die Aussage, dass die Nutzung sozialer Netzwerke zu einer Verbesserung des Suchmaschinen-Rankings führt. Wiederum 40 Prozent sind sich hierbei nicht ganz sicher. Lediglich 13 Prozent antworteten auf diese Frage mit Nein.

Abb. 43: Einfluss auf die Online-Präsenz

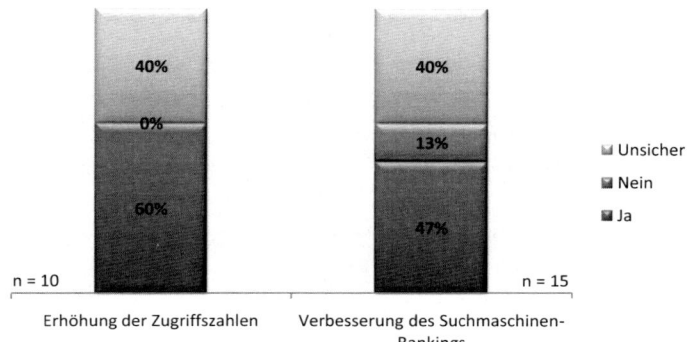

Entscheidend für den Einfluss der sozialen Netzwerke auf Unternehmen ist allerdings die positiven Veränderungen im Bezug auf die Reputation, Marken und Absatzerhöhung, welche bereits theoretisch untersucht wurden. Hierbei zeigte sich eine deutliche Einflussnahme. Diese Aussage sollte folglich auch praktisch anhand der Befragung untersucht werden. Somit hat sich unter den Sellaround-Nutzern herausgestellt, dass die Nutzung sozialer Netzwerke zumeist einen positiven Einfluss auf die Reputation und die Marke hat. Es antworteten jeweils 74 Prozent mit trifft voll und ganz zu oder trifft zu. Eine Verneinung fand im Bezug auf diese beiden Messgrößen nicht statt. Allerdings ergibt sich im Bezug auf die Absatzerhöhung ein anderes Bild. Theoretisch konnte festgestellt werden, dass die Erfolgsgeschichten bezüglich einer Verbesserung des Umsatzes noch eine Seltenheit darstellen. Auch die Umfrage unter den Sellaround-Nutzern konnte dies bestätigen. Lediglich 40 Prozent gaben an, dass eine Absatzerhöhung stattgefunden hat. 33 Prozent erkennen diese nur teilweise und für 27 Prozent trifft diese Aussage überhaupt nicht zu. Soziale Netzwerke eignen sich somit vielmehr zur Verbesserung des eigenen Images und weniger als Distributions- und Vertriebskanal.

Abb. 44: Einfluss der sozialen Netzwerke auf Unternehmen

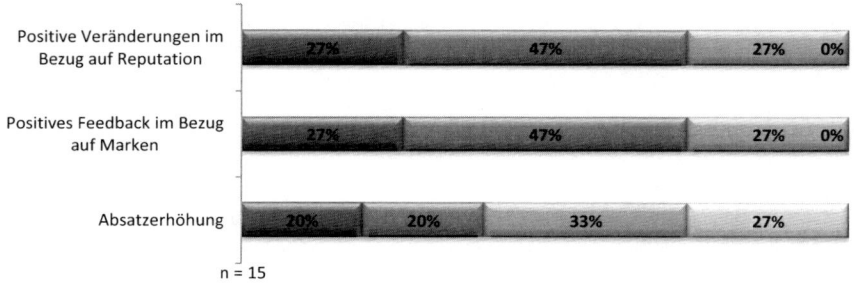

8.2.4 Nutzung von Sellaround

Dieser Teil der Befragung ging letztendlich explizit auf die Nutzung von Social Commerce-Lösungen ein. Zunächst sollte geklärt werden, auf welcher Basis Sellaround genutzt wird, da sich zuvor herausgestellt hat, dass sich soziale Netzwerke grundsätzlich weniger zur Steigerung des Umsatzes eignen. Hier ergab sich, dass trotz der geringeren Tendenz der Absatzerhöhung die meisten Unternehmen Sellaround zum Verkauf ihrer Produkte nutzen. Allerdings zählen auch Bekanntmachung, Neukundengewinnung, Marketing und die generelle Präsenz zu den meistgenannten Zielen der Integration von Sellaround. Außerdem nutzt man dieses Tool auch gerne für besondere Aktionen für die Kunden. Weniger sieht man Sellaround als Vorteil für die Kundenbindung und Promotion. Interessant war hierbei auch ein Kommentar eines Unternehmens. Diese nutzen Sellaround zusätzlich auch, um die Möglichkeiten für die Kunden zu überprüfen und zu testen.

Abb. 45: Ziele für die Nutzung von Sellaround

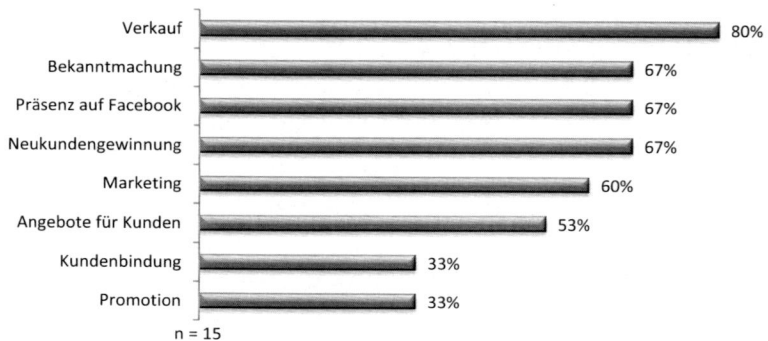

n = 15

Beim Verkauf über Sellaround werden die unterschiedlichsten Produkte angeboten. Interessant sind insbesondere Unterhaltungselektronik, aber auch Kleidung, Reisen und Bücher. Unter dem Reiter ‚Sonstiges' wurden häufig auch Geschenk-, Fan- und Sportartikel genannt. Allerdings konnte aufgrund des vielseitigen Produktsortiments keine eindeutige Tendenz festgestellt werden.

Entscheidend war hier wiederum, wie auch bei der allgemeinen Nutzung sozialer Netzwerke, ob die Nutzung eines Social Commerce-Tools zu einer eindeutig positiven Veränderung führen kann. Untersucht wurden hierzu die Kundenbindung, das Empfehlungsmarketing, die Kauffrequenz und -intensität, die Wiederholungskäufe sowie die Reputation und die Möglichkeiten der Absatzerhöhung. Durch die Nutzung von Sellaround allerdings ergibt sich kein anderes Bild wie bereits zuvor bei der allgemeinen Nutzung sozialer Netzwerke. Eine deutlich stärkere Kundenbindung ist nur bei den wenigsten Unternehmen zu spüren. Auch werden die Produkte eher weniger durch die Kunden selbst weiterverbreitet. Es ergibt sich also kein großes eigenständiges Empfehlungsmarketing durch die Kunden. Auch die Kauffrequenz und -intensität hat sich durch die

Nutzung dieses Social Commerce-Tools weniger erhöht und die Wiederholungskäufe scheinen eher rar zu sein. Dies hat letztendlich zur Folge, dass der Absatz durch die Nutzung von Sellaround und damit Social Commerce nur gering gesteigert werden konnte. Lediglich auf die Reputation des Unternehmens scheint das Tool einen kleinen Einfluss nehmen zu können. Bei 38 Prozent trifft eine positive Reputation zu, bei zumindest 25 Prozent teilweise.

Abb. 46: Einfluss durch die Nutzung von Sellaround

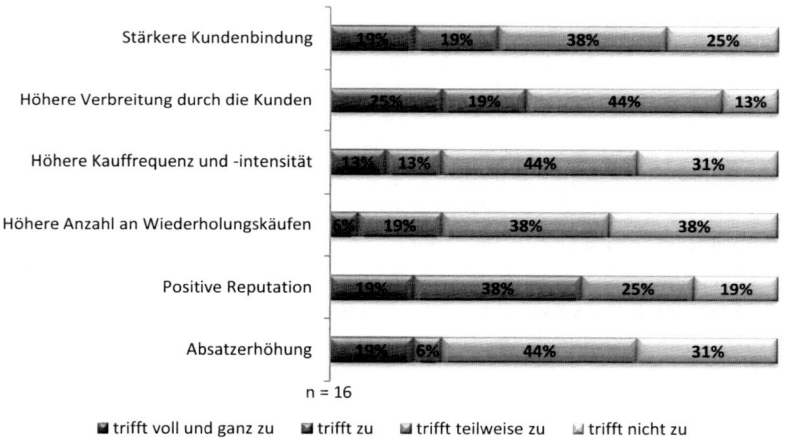

n = 16

■ trifft voll und ganz zu   ■ trifft zu   ■ trifft teilweise zu   ◻ trifft nicht zu

Durch dieses Bild zeigt sich, dass Sellaround weniger zum Verkauf beiträgt, obwohl es sich hierbei um eine Social Commerce-Lösung handelt. Vielmehr hat dieses Tool Einfluss auf Reputation und Image. Allerdings lässt sich teilweise auch Erfolgsgeschichten verzeichnen. 19 Prozent schaffen dadurch eine stärkere Kundenbindung. 25 Prozent erkennen eine Verbreitung durch die Kunden selbst, welche die beste Werbung darstellt. 13 Prozent spüren eine höhere Kauffrequenz und -intensität. Und letztendlich hat sich bei 19 Prozent der Befragten eine Absatzerhöhung ergeben. Zwar liegt die Tendenz eher in der Richtung, dass sich nicht nur Erfolgsgeschichten verzeichnen lassen, allerdings zeigt auch die Theorie, dass erst mit den Jahren ein eindeutiger Einfluss festgestellt werden kann.

8.2.5 Social Commerce der Zukunft

Trotz der anschneidend eher geringeren Absatzerhöhung durch Social Commerce-Lösungen plant die Mehrheit die Integration eines kompletten Shops in sozialen Netzwerken. 53 Prozent gaben diesbezüglich an, dass dies bereits in naher Zukunft der Fall ist. 27 Prozent gehen davon aus, dass die Integration nicht im Moment stattfindet, aber in ein paar Jahren denkbar sei. Lediglich 13 Prozent sind sich diesbezüglich noch unsicher oder antworten darauf mit einem klaren Nein. Dadurch lässt sich erkennen, dass die meisten Unternehmen bezüglich einer Integration eines kompletten Online-Shops und somit die Veröffentlichung der gesamten Produktpalette nicht abgeneigt sind.

Abb. 47: Integration eines kompletten Shops via soziale Netzwerke

n = 15

🔲 Ja, in naher Zukunft 🔲 Nicht jetzt, aber in ein paar Jahren denkbar 🔲 Nein, auf keinen Fall 🔲 Weiß nicht

8.3 Vergleich beider Befragungen

Beide Umfragen dienen sowohl der aktiven als auch passiven Betrachtung. Die aktive Seite stellt die Unternehmen dar, die passive Seite hingegen die zukünftigen Social Shopper und Nutzer sozialer Netzwerke. Geklärt werden soll in diesem Kapitel, ob die Ansichten und Meinungen kongruent zueinander sind und ob eine Zukunft für Social Commerce in sozialen Netzwerken anhand der Ergebnisse zu sehen ist.

Bezüglich der Nutzung sozialer Netzwerke haben die Unternehmen deutlich erkannt, wo sich ihre Kunden aufhalten. Anhand der Ergebnisse konnte festgestellt werden, dass insbesondere das Netzwerk Facebook eine ideale Plattform für die Kommunikation mit den Konsumenten darstellt. Unternehmen nutzen soziale Netzwerke vermehrt, um sich selbst, ihre Marken und ihre Produkte bekannt zu machen. Dies schätzt der Großteil der Konsumenten. Sie verfolgen zumeist die Unternehmensseiten und die entsprechenden Aktivitäten. So nennen die Nutzer das Informieren über Unternehmen, Marken und Produkte noch vor dem Austausch mit Gleichgesinnten, dem Kennenlernen neuer Menschen oder dem Finden eines Lebenspartners. Ein großer Teil der Konsumenten sieht die persönliche Relevanz von Unternehmen in ihrem sozialen Netzwerk. Hinzu kommt, dass die Social Shopper, die Unternehmen in sozialen Netzwerken verfolgen, auch nicht abgeneigt sind, den direkten Kontakt mit diesen zu suchen. Es kann das Fazit gezogen werden, wenn Nutzer Unternehmen verfolgen, auch den Kontakt nicht scheuen. Dies gilt auch für die Unternehmen selbst. Zumeist stehen diese im täglichen oder zumindest wöchentlichen Kontakt zu ihren Kunden und versuchen auch, die Anregungen, Wünsche und Bedürfnisse in Form von gewonnenem Feedback entsprechend umzusetzen. Hinzu kommt, dass Unternehmen auch explizit ihre Kunden als Partner und Innovatoren ansehen und dadurch ihre Wertschöpfungskette optimieren. Man geht vermehrt auf die Kunden und Konsumenten ein. Unternehmen haben erkannt, dass sich die Ansprüche der Kunden deutlich gewandelt und diese mehr Einfluss auf die Unternehmen selbst, ihre Marken und Produkte haben, was letztendlich das Entstehen sozialer Netzwerke mit sich führt. Durch den Einsatz von Social Commerce haben die Unternehmen erkannt, dass ein Einfluss auf die Reputation und das Image des Unternehmens stattfindet. Social Shopper informieren sich vermehrt vor ihrer Kaufentscheidung im Internet. Die Empfehlungen und Bewertungen von Konsumenten haben einen erheblichen Einfluss auf die Meinung über Marken. Häufig halten die Nutzer sozialer Netzwerke die Informationen für glaubwürdiger und direkter, jedoch weiß man auch die Informationen der Unternehmen zu schätzen. Hier lässt sich die Tendenz erkennen, dass diese meistens doch informativer und überzeugender sind als die von den Konsumenten selbst. Unternehmen setzen daher häufig auf Glaubwürdigkeit, Vertrauen und Authentizität und treten in den sozialen Netzwerken kooperativ und transparent auf, was ihr Image und ihre Reputation positiv beeinflusst.

Im Bezug auf den Einsatz von Social Commerce-Lösungen über soziale Netzwerke, also auch den Einsatz eines komplett integrierten Shops, zeigt sich die Meinung der Konsumenten deutlich in Form der geringen Umsatzsteigerung der Unternehmen. Zwar verhalten sich Konsumenten in Bezug auf Produktveröffentlichung über ihren Newsfeed noch recht offen und geben auch an, dass vor allem das Zeigen der Produkte gegenüber Freunden der Hauptgrund ist, allerdings ist die Mehrheit der Befragten negativ gegenüber verkaufsfördernden Maßnahmen eingestellt. Hierzu zählen auch Shopping-Lösungen innerhalb sozialer Netzwerke. Man ist vermehrt der Meinung, dass Commerce und Social Networks klar voneinander getrennt werden sollten. Außerdem zeigt man kein Vertrauen in soziale Netzwerke. Somit können im Moment noch keine wirklichen Erfolgschancen für die Integration von Shops erkannt werden. Wenn diese eine Chance unter den Konsumenten haben, dann zumeist nur in Form von Auszügen aus dem realen Shop. Diese Meinung lässt sich letztendlich auch bei den Unternehmen spüren. Somit erfahren die Sellaround-Nutzer durch die Integration dieses Social Commerce-Tools kaum Verbesserungen im Bezug auf Absatzerhöhung, Kundenbindung oder Reputation.

Entschließt man sich letztendlich als Unternehmen doch, eine Shopping-Lösung via sozialer Netzwerke anzubieten, eigenen sich vor allem die Produkte, die bereits einen gewissen sozialen Charakter besitzen. Dies bedeutet, dass häufig Produkte weiterempfohlen werden, über die auch Face-to-Face geredet und diskutiert wird. Besonders Bücher oder Modeartikel eigenen sich für die Integration eines Shops, wenn man die Aussagen der Social Shopper betrachtet. Häufig beziehen diese allerdings auch Informationen über technische Produkte wie Kameras, Computer und Zubehör, Unterhaltungselektronik und Telekommunikationsgeräte. Der Grund hierfür könnte darin liegen, dass entsprechende Erfahrungsberichte hilfreich bei der Informations- und Produktsuche der Konsumenten sind, da häufig ein Überangebot an Alternativen besteht und Konsumenten geringere Kenntnisse dazu aufweisen können.

8.4 Handlungsempfehlung und persönliche Einschätzung

Der Vergleich beider Seiten lässt erkennen, dass zwar die Interaktion und Kommunikation mit Unternehmen über soziale Netzwerke gewünscht ist, allerdings eine Commerce-Lösung zum jetzigen Zeitpunkt weniger angenommen wird. Die Vorsicht und die Skepsis darüber sind deutlich bei den Konsumenten zu spüren. Auch kann im Moment noch kein Erfolg bei den Unternehmen erkannt werden. Zwar zeigt sich eine positive Veränderung im Bezug auf die Reputation der Unternehmen und Marken, allerdings konnte der Umsatz bislang nicht signifikant gesteigert werden.

Social Commerce findet jedoch täglich statt und beeinflusst die Konsumenten sowohl bewusst als auch unbewusst. Gegenüber Empfehlungen und Bewertungen anderer ist man sehr offen eingestellt und sie scheinen einen wichtigen Stellenwert einzunehmen. Konsumenten werden somit vermehrt in ihren Meinungen gegenüber Unternehmen, Marken und Produkten beeinflusst. Soziale Netzwerke allerdings werden hauptsächlich für den privaten Gebrauch verwendet. Der Kontakt zu Freunden und Bekannten steht hier im Mittelpunkt, nicht der Kontakt mit Unternehmen. Dies ist zwar ein schöner Nebeneffekt und zum Teil auch sehr informativ, wenn man sich wirklich für ein Produkt oder eine Marke begeistert. Allerdings sollten Unternehmen sich immer vor Augen halten, dass Konsumenten und Kunden es bevorzugen, in ihrem privaten Netzwerk auch privat zu bleiben. Daher empfiehlt man, wenn Shopping-Lösungen angedacht sind, eher Auszüge zu wählen und diese als Werbemaßnahme zu betrachten.

Im Mittelpunkt stehen somit weiterhin der Konsument und seine private Interaktion. Unternehmen können dabei nur hoffen, dass sich diese auch untereinander über ihre Produkte und Marken unterhalten und entsprechend empfehlen. Denn auch hier zeigt sich wiederum, dass diese keinen Einfluss auf die Meinungen und den Austausch haben. Empfehlenswert ist diesbezüglich, die Privatsphäre der Konsumenten zu unterstützen und zu erkennen, was wirklich gewünscht ist. Unternehmen sollten ihre Kunden kennen und ihnen die Informationen bieten, die sie interessieren. Nur dadurch kann eine Verbindung hergestellt werden. Was außerhalb des Blickwinkels der Unternehmen gesprochen wird, kann nur erahnt werden. Aber genau dies ist es, was sich die Konsumenten wünschen. Man soll sich transparent und kooperativ verhalten, sobald dies gewünscht ist. Man soll offen gegenüber Anregungen sein, sobald diese gegeben werden. Man soll die Kunden in ihrer Freiheit und ihrer offenen Meinung akzeptieren, sobald dies der Fall ist, und sich nicht vor dem Feedback scheuen. Man soll die Wünsche und Bedürfnisse der Kunden respektieren und umsetzen, sobald diese ausgesprochen werden. Das Wörtchen ‚sobald' ist hier entscheidend. Es hat sich durch die Befragungen herausgestellt, dass es sich bei den Konsumenten meist um Menschen mit sehr klaren Vorstellungen handelt, die genau wissen, was sie wollen, wann sie es wollen und wie sie wollen. Unternehmen müssen lernen, dieses Selbstbewusstsein und die durch Social Media neu gewonnene Freiheit zu akzeptieren. Erst wenn die Konsumenten bereit für Commerce über soziale Netzwerke sind, werden auch die ersten Erfolge sichtbar. Es zeigt sich, dass trotz der geringen Absatzerhöhung die meisten Unternehmen einen kompletten Shop in soziale Netzwerke integrieren möchten. Die Frage ist nur, ob es daran liegt, dass alle Unternehmen und Experten davon sprechen, dass Social Commerce die neue Revolution in sozialen Netzwerken darstellt. Auch wenn man generell der Ansicht ist, dass Social Commerce über das soziale Netzwerk die Zukunft bedeutet, sollten immer noch die aktuellen Meinungen der Konsumenten beachtet werden, denn sie beeinflussen letztendlich, ob dieser Trend Erfolge erzielen wird. Die entscheidende Frage sollte daher vielmehr lauten: Sind die Konsumenten bereit dafür oder nicht? Im Moment muss diese Frage anhand der Ergebnisse noch verneint werden.

9. Fazit und Ausblick

9.1 Chancen und Risiken von Social Commerce

Bisher wurde Social Commerce über Amazon oder herkömmliche Plattformen wie Preisvergleichsdienste betrieben. Die verstärkte Aktivität in sozialen Netzwerken allerdings zeigt das Potential für Unternehmen. Als Vorteil kann gesehen werden, dass User Generated Content immer mehr auch in Netzwerken stattfindet, dessen Inhalte auch nur innerhalb einer bestimmten Peer Group geteilt werden können. Dadurch entstehen ganzheitliche individuelle Urteile sowie Meinungen über Produkte, die in Unternehmen immer dezentraler werden.[429] Generell, so vertritt *Qualman* die Ansicht, könne der Einsatz in Social Media die Effizienz steigern. Doppelarbeit könne dadurch eingespart werden, da man selbst nicht mehr so viel Zeit aufwenden müsse wie früher, wenn es um die Beschaffung von Informationen vor einem Produktkauf ging.[430] Die direkte Kommunikation untereinander und vor allem auch mit den Unternehmen vereinfacht die Informationsbeschaffung der Konsumenten ungemein und kann dadurch auch die Kaufkraft erhöhen. Hinzu kommt, dass man über soziale Netzwerke aufmerksam alle Aktivitäten rund um ein Unternehmen, einer Marke oder ein Produkt beobachten kann. Für den Aufbau der Markentreue sei dies sehr entscheidend.[431] Aber auch die Millionen Menschen, die selbst Markenbotschaften kreieren, verstärken diesen Effekt und zeigen wiederum, wie wichtig Meinungen anderer sein können. Allerdings liegt genau hier das Risiko. User Generated Content kann sowohl von Markenfans als auch von Markengegnern generiert werden. Aber egal, welche Seite nun die Beiträge verfasst hat, in beiden Fällen würde man sich grundsätzlich nicht an die Vorgaben der markenführenden Unternehmen halten.[432] In der heutigen Zeit des Social Commerce hat ein Unternehmen keine Kontrolle mehr über ihre Kunden und die Konsumenten. Sowohl positive als auch negative Aktivitäten können sich erheblich auf das Unternehmen auswirken. Es gibt bereits einige Beispiele, bei denen Konsumenten das Image eines Unternehmens stark geschädigt und sogar ganze Unternehmen in den Ruin getrieben haben.

Jedoch steht für viele Unternehmen im WWW das Werben für ihre Produkte im Mittelpunkt, und das alles in der Hoffnung, dass irgendjemand diese findet und kauft. Auf einigen anderen Internetseiten der Unternehmen ist es vielleicht möglich, eine elektronische Bestellung aufzugeben, aber nur selten ermutigen Unternehmen die Käufer, in Kommunikation miteinander zu treten. Unter den momentanen Umständen allerdings bleibt es den Unternehmen nicht erspart, sich der Kultur des Internets anzupassen. Verbraucher erwarten es regelrecht, dass ihnen die Möglichkeit gegeben wird, nicht nur mit dem Unternehmen, sondern auch miteinander aktiv zu kommunizieren. Erst dadurch können intensivere Beziehungen zu Kunden aufgebaut werden. So ist *Armstrong* der Ansicht, dass erst diese Unternehmen im Online-Geschäft Erfolg haben werden, die die vielfältigen sozialen und kommerziellen Bedürfnisse befriedigen. Erst dadurch kön-

---

[429] Vgl. Schäfers 2010, S. 312.
[430] Vgl. Qualman 2010, S. 96.
[431] Vgl. Spengler 2008, S. 221.
[432] Vgl. Burmann 2010, S. 347.

nen Organisationen eine Kundenbindung erreichen und im Gegenzug auch erhebliche Gewinne verbuchen.[433]

9.2 Anforderungen an Unternehmen

Betrachtet man die Geschichte und die 150 Jahre Massenmarketing, das bislang noch herrschte, zeigt sich, dass sich die Wahrnehmung für den Kunden getrübt hat. Man sprach grundsätzlich von individuellen Ansätzen, doch es ging vielmehr um die Standardisierung und Modularisierung. Man wollte die Kostenvorteile nicht aufgeben, weil die Konsumenten auf einmal mehr verlangten. Es wurden Massenprodukte, die häufig überhaupt niemand brauchte, über Massenmedien vermarktet. Durch Social Commerce entstehe heute eine Nachfragermacht, die sich Unternehmen nicht mehr entziehen können. Es müsse umgedacht werden. Vielmehr, so *Mühlenbeck*, müsse sogar zurückgedacht werden in die Zeit, in der alles noch kundenindividuell produziert wurde. Schneider, Metzger oder Tischler produzierten nach Kundenwünschen. Und war einmal kein geeigneter Händler zur Hand, wurde vertrauensvoll an andere weiterempfohlen.[434]

> „Heute entscheiden die Nutzer, welche Eigenschaften eine Firma, ein Shop oder ein Produkt wirklich hat. Vielleicht ist das auch der Grund, warum sich viele Firmen schwer tun, sich mit den sozialen Medien anzufreunden oder gar ein vernünftiges Konzept auf die Beine zu stellen."[435]

Durch das veränderte Verhalten der Konsumenten und ihre Erwartungen an die Unternehmen entstehen neue Anforderungen. Die stärkere Interaktion unter den Konsumenten selbst erschwert es Unternehmen, überhaupt mitreden zu können. Nur weil diese vermehrt die Kontrolle über ihre Konsumenten und die Informationen, die über sie verbreitet werden, verlieren, bedeutet das nicht, dass sie sich komplett zurückziehen sollten. Ganz im Gegenteil. Die Chance für Unternehmen, immer noch eine entscheidende Rolle in der Interaktion spielen zu können, aber auch proaktiv Anreize für die Anwender zu generieren, damit sich diese über die Produkte und Services überhaupt äußern, sollte stets genutzt werden. Empfehlungen sind häufig immer noch abhängig von den Unternehmen selbst, denn erst wenn das Portfolio empfehlenswert ist, werden Kunden diese auch aussprechen.[436] Besonders der persönliche Kontakt stellt die Besonderheit für Konsumenten dar. Nie zuvor haben sich diese so stark mit ihren Unternehmen, Produkten und Marken ausgetauscht. Und genau Social Commerce stellt ein Touchpoint zur Marke dar, der die Markenkraft und den Markterfolg einer Marke beeinflussen kann. Wer dies entsprechend nutzen will, müsse in die relevanten Schnittstellen investieren, in denen sich Kunde und Marke am intensivsten begegnen.[437] Nicht zurückziehen, heißt die Devise, sondern aktiv beteiligen und die Chancen der direkten Kommunikation mit den Konsumenten erkennen, nutzen und

---

[433]   Vgl. Armstrong 2000, S. 196f.
[434]   Vgl. Mühlenbeck 2007, S. 240ff.
[435]   Wellensiek 2011, o.S.
[436]   Vgl. Qualman 2010, S. 96.
[437]   Vgl. Spengler 2008, S. 223.

von ihnen lernen. Dadurch erst kann ein Unternehmen in der heutigen Zeit und unter den Anforderungen ihrer Kunden existieren.

9.3   Kritische Betrachtung von Social Commerce

Bezüglich Social Commerce ergeben sich zwei verschiedene Seiten des Konsumentenverhaltens. Die eine Seite behält Kaufentscheidungen generell für sich oder gibt nur bestimmte Entscheidungen an Freunde und Bekannte weiter. Die andere Seite wiederum sieht ihre Möglichkeit, freimütig alles weiter zu erzählen. Eines steht allerdings fest: Die möglichen Technologien für diese Kommunikation sowie auch die Transparenz wird durch Social Media geschaffen.[438] Allerdings stellt sich die Frage, ob denn Social Commerce wirklich Verkaufen bedeutet. Betrachtet man die vorangehenden Beschreibungen, ergibt sich aus Social Commerce vielmehr eine neue Kommunikations- und Vermarktungsmethode. Nichts weist eindeutig darauf hin, dass mit Social Commerce automatisch mehr verkauft oder mehr Umsatz gemacht wird. Jedoch ist die Grundlage dafür gegeben. Social Commerce, insbesondere über Facebook, erhöht die Chance, sein Image, die Markenloyalität und die Kundenbindung zu stärken. Es kann also generell als gute Marketing-Maßnahme betrachtet werden. Außerdem bietet sich der direkte Kontakt mit dem Kunden heute an, wie man an vielen Auslegungen in dieser Arbeit sehen konnte. Dennoch lassen sich auch eindeutige Verkaufserfolge feststellen. So zeigt eine Studie des Unternehmens Buzz&Co., dass man eine Tendenz zum Verkauf über soziale Netzwerke erkennt und eine Steigerung der Umsätze bis ins Jahr 2015 voraussieht. Man ist hierzu der Ansicht, dass Social Commerce kongruent mit Commerce gesehen werden kann, und geht davon aus, dass sich die Umsätze in den nächsten 4 Jahren um das Sechsfache erhöhen werden.[439]

Im Moment steckt Social Commerce noch in den Kinderschuhen und wird vorwiegend als Marketing-Feature gesehen. Allerdings kann davon ausgegangen werden, bedenkt man die steigende Bedeutung sozialer Netzwerke, dass sich Social Commerce zu dem entwickelt wird, was es auch wortwörtlich bedeutet.

9.4   Zukunftsaussichten

> „Wer als Händler oder Hersteller heute noch seinen Online-Auftritt als eine Kommunikationsmaßnahme unter vielen versteht, hat nicht begriffen, dass das Internet nicht eines von mehreren Medien ist. Es ist das einzige, alles aufsaugende Medium."[440]

Die Interaktion und Kommunikation mit den Konsumenten stellt keine Vielleicht-Frage dar, sondern ist mittlerweile unabdingbar in Unternehmen. Häufig gilt bezüglich mancher Entwicklungen, dass es besser sein könne, nicht auf jede sofort anzuspringen. Eine gewisse Reife gilt als Schutz, um zu sehen, wie andere das so machen und wie was funktioniert oder auch nicht. Allerdings sollte man sich immer frühzeitig mit den Entwicklungen beschäftigen, um auf den Zug,

---

[438]   Vgl. Qualmann 2010, S. 97.
[439]   Vgl. Anderson 2011, S. 3f.
[440]   Schwieger 2010, S. 298.

wenn es dann soweit ist, überhaupt noch aufspringen zu können.[441] Dies zeigt sich insbesondere an Facebook. Innerhalb weniger Jahre ist gegenüber diesem sozialen Netzwerk eine solch enorme Relevanz entstanden, wie bei keinem anderen Medium zuvor. Es entwickelt sich zu einer eigenen Welt, in der kommerziell agierende Unternehmen nicht fehlen möchten, so *Lammenett*. Diese bislang noch kleine Welt wird immer größer und komplexer. Die Entwicklungen und ergebende Möglichkeiten sollten daher im Auge behalten werden.[442] So auch im Bezug auf Social Commerce. In einigen Branchen hat dies noch keine Bedeutung, da die Konsumenten möglicherweise in einem geringeren Maße internetaffin sind oder einfach nicht das Bedürfnis verspüren, zum Beispiel aufgrund ihres Alters, selbst am Geschehen im Web 2.0 teilzunehmen. Und es kann auch sein, dass sich neue Schlagworte zu dieser ganzen Thematik entwickeln werden. Allerdings sei die Entwicklung der sozialen Netzwerke mit ihren kommunizierenden und organisierten Konsumenten nachhaltig. Diese Aussage basiert auf einer einfachen Begründung:[443]

> „Menschen sind von Natur aus soziale Wesen und als solche haben sie Bedürfnisse, sich mitzuteilen und auszutauschen. Erst wenn Menschen aufhören, Freunde zu haben oder ganz generell in Gesellschaft zu leben, also keine sozialen Wesen mehr sind, ist Social Commerce zu Ende. Wenn sie dies tun würden, wäre aber ohnehin das Ende der Menschheit gekommen.“[444]

Die Entwicklungen rund um Social Commerce stehen im Moment noch am Anfang. Allerdings tendiert man generell zu der Meinung, dass sich auch F-Commerce zu einer neuen Chance entwickeln kann, zumindest vorerst zu einer umfassenden Online-Marketing-Strategie.[445] Wie es sich weiterentwickeln wird, zeigt sich in naher Zukunft.

9.5 Eigene Meinung

Als ich das erste Mal von Facebook gehört habe, hat sich meine Mitpraktikantin beinahe übereifrig über dieses Netzwerk ausgesprochen. Das war im Jahr 2008. Sie, aus dem Libanon, hält dadurch den Kontakt zu ihren Freunden auf der ganzen Welt und hat mich gebeten, auch Teil ihres Netzwerkes zu werden. Ich war von Facebook nicht wirklich begeistert, besonders aufgrund der Negativschlagzeilen, und habe es bis dahin abgelehnt. Bereits ein Jahr später merkte man, dass es ohne anscheinend nicht mehr geht. Jeder wanderte von den VZ-Netzwerken zu Facebook; man könnte es eine Massenwanderung nennen. Und dadurch hat man das Netzwerk kennen und lieben gelernt. Noch vor 3 Jahren weigerte ich mich vehement, ein Teil dieser neuen Entwicklung und Gegebenheiten zu sein. Heute melde ich mich mehrmals täglich an, schreibe mit Freunden und Bekannten, informiere mich über Unternehmen und beschäftige mich sogar in meiner Abschlussarbeit damit.

Das Internet und Social Media spielen mittlerweile, vor allem bei der jüngeren Generation, eine wichtige Rolle. Das Telefonieren scheint out zu sein, eingekauft wird nur noch online, Informati-

---

[441] Vgl. Mühlenbeck 2007, S. 250.
[442] Vgl. Lammenett 2011, S. 131.
[443] Vgl. Mühlenbeck 2007, S. 240ff.
[444] Ebd., S. 240.
[445] Vgl. Wellensiek 2011, o.S.

onen beziehen wir aus unserem sozialen Netzwerk. Man weiß, wer was macht, wann er es macht und wie er es macht, und gibt vermehrt auch Informationen über sich selbst preis, obwohl man häufig die Risiken dahinter kennt. Aber man muss bedenken, dass dies völlig normal für die jetzige Generation ist. Man wächst damit auf und kennt es letztendlich auch nicht anders.

Die Umfragen haben gezeigt, dass die Konsumenten im Moment wohl nicht bereit für den Commerce über soziale Netzwerke sind. Und auch die Unternehmen erkennen anhand ihrer Zahlen, dass eher negative Einstellungen den Markt des Social Commerce beherrschen. Aber bedacht werden muss hier, dass wir ständig Social Commerce betreiben. Wir empfehlen und lassen uns beeinflussen. Wir agieren und informieren uns über soziale Netzwerke. Und wir sprechen uns immer negativ aus, sind relativ vorsichtig mit neuen Entwicklungen bezüglich Internetaktivitäten und Social Media, da die Erfahrungen aus der Vergangenheit und die Medien uns täglich davor warnen. Aber letzten Endes verhalten wir uns doch wie alle anderen und entscheiden uns, mit dem Strom zu schwimmen.

Aktuell unterhält man sich in den Medien darüber, ob die Nutzerzahlen bei Facebook wieder nachlassen, ob die Zeit gekommen ist, in der das soziale Netzwerk an Macht verliert. Aber sind wir mal ehrlich. Facebook gehört mittlerweile sowohl privat als auch geschäftlich zu den entscheidenden Netzwerken unserer Zeit. Keine Kampagne, kein Briefing und kein Unternehmen kommt mittlerweile ohne Social Media Marketing aus. Es stellt eine Chance für Unternehmen dar, den direkten Kontakt zu den Konsumenten zu wahren und endlich zu erfahren, was diese wirklich wollen; in die Köpfe der Konsumenten kommen, die Consumer Insights ergründen, die Wünsche kennenlernen und darauf aufbauend die Kommunikation und Interaktion zu gestalten.

Wie bereits erwähnt wurde, steckt der Verkauf über soziale Netzwerke noch in den Kinderschuhen. Trotz allem aber sehen viele die Chance auf etwas Großes. Und selbst Mark Zuckerberg, der Kopf hinter Facebook, zelebriert, dass Social Commerce die Zukunft sei. Natürlich sind die Meinungen auf Seiten der Konsumenten noch eher negativ, da man sich eingeschränkt, beobachtet und kontrolliert fühlt und alles mit einer gewissen Vorsicht betrachtet. Allerdings zeigt meine anfängliche Ablehnung gegenüber Facebook, dass viele Entwicklungen von den Konsumenten zunächst kritisch betrachtet werden, auch von mir selbst. Aber wenn es soweit sein sollte, dass alle letztendlich über soziale Netzwerke kaufen, verkaufen und empfehlen, wird man wiederum dem Aufruf folgen; das ist der Instinkt unserer heutigen Gesellschaft. Die Zeit wird zeigen, wie sich Social Commerce über soziale Netzwerke entwickeln wird, aber meine Einschätzung dazu ist, dass es noch eine entscheidende Rolle in unserem Konsumverhalten einnehmen wird.

Literatur- und Quellenverzeichnis

Adamek, S. (2011): Die facebook-Falle. Wie das soziale Netzwerk unser Leben verkauft. München: Wilhelm Heyne Verlag.

Alt, C. (2010): Welche Bedeutung hat Social Media für die Generierung von Consumer Insights? Bachelor Thesis, Wiesbaden Business School, Hochschule RheinMain, Wiesbaden.

Altmann, H. C. (1996): Die neuen Anforderungen an die Verkäufer – und wie sie am besten darauf reagieren können. In: Ders. et al. (1996): Zukunft Verkauf. Neue Wege für Ihren Erfolg. 15 Experten verraten ihre Erfolgsrezepte. Würzburg: Max Schimmel Verlag, S. 10 - 26.

Anderson, M. et al. (2011): Turning "Like" to "Buy" Social Media Emerges as a Commerce Channel. Internet http://www.booz.com/media/uploads/BaC-Turning_Like_to_Buy.pdf, zugegriffen am 08.06.2011.

Armstrong, A.; Hagel, J. III. (2000): Der wahre Wert von Online-Gemeinschaften. In: Tapscott, D. (Hrsg.) (2000): Erfolg im E-Business. München, Wien: Carl Hanser Verlag, S. 196 - 208.

Bächle, M.; Lehman, F. R. (2010): E-Business. Grundlagen elektronischer Geschäftsprozesse im Web 2.0. München: Oldenbourg Wissenschaftsverlag GmbH.

Baumgartner, E. (2007): Brand Communities als neue Markenwelten. Wie Unternehmen Markennetzwerke initiieren, fördern und nutzen. Heidelberg: Redline Wirtschaft, Redline GmbH.

Becker, B. (2003): Kommunikationskultur im Internet: dargestellt am Beispiel virtueller Netzwerke in MUDs und MOOs. In: Thiedeke, U. (Hrsg.) (2003): Virtuelle Gruppen. Charakteristika und Problemdimensionen. 2. Aufl. Wiesbaden: Westdeutscher Verlag/GWV Fachverlage GmbH, S. 107 - 125.

Behrens, A. (2010): Social Media als Bestandteil des Online-Marketing-Mix. Eine Untersuchung am Beispiel zweier Monolabel-Online-Stores. München: Martin Meidenbauer Verlagsbuchhandlung.

Behrens, M.; Roth, R. (2001): Einsatz biometrischen Identifikationssystemen im E-Commerce. In: Grau, N.; Feyerabend, F.; Vossebein, U. (Hrsg.) (2001): E-Life – mehr als nur Business. Aachen: Staker Verlag GmbH, S. 125 - 144.

Bender, G. (2008): Kundegewinnung und -bindung im Web 2.0. In: Hass, B.; Walsh, G.; Kilian, T. (Hrsg.) (2008): Web 2.0. Neue Perspektiven für Marketing und Medien. Heidelberg, Berlin: Springer-Verlag, S. 173 - 190.

BITKOM - Bundesverband Informationswirtschaft, Telekommunikation und neue Medien e.V. (2010): 30 Millionen Deutsche sind Mitglieder in Communitys. Presseinformation. Internet http://www.bitkom.org/files/documents/BITKOM-Presseinfo_Communitys_14_03_2010.pdf oder auch http://www.bitkom.org/de/markt_statistik/64018_62772.aspx, zugegriffen am 14.04.2011.

BITKOM - Bundesverband Informationswirtschaft, Telekommunikation und neue Medien e.V. (2011): Pressekonferenz. Soziale Netzwerke in Deutschland. Internet http://www.bitkom.org/files/documents/BITKOM_Vorab-Presseinfo_PK_Soziale_Netzwerke.pdf oder auch http://www.bitkom.org/de/presse/8477_67627.aspx, zugegriffen am 14.04.2011.

Boersma, T. (2010): Warum Web-Exzellenz Schlüsselthema für erfolgreiche Händler ist. Wie das Internet den Handel revolutioniert. In: Heinemann, G.; Haug, A. (Hrsg.) (2010): Web-Exzellenz im E-Commerce. Innovation und Transformation im Handel. Wiesbaden: Gabler Verlag I Springer Fachmedien Wiesbaden GmbH, S. 21 - 41.

Borns, J. (2011): Facebook Facts: Was bringt der Like-Button wirklich? Internet http://t3n.de/news/facebook-facts-like-button-wirklich-311177/, zugegriffen am 31.05.2011.

Breyer-Mayländer, T.; Löffel, M. (2010): Social Web und Social Commerce in der Zukunft: Visionen, Herausforderungen und Perspektiven. In: Amersdorffer, D. et al. (Hrsg.) (2010): Social Web im Tourismus. Strategien – Konzepte – Einsatzfelder. Berlin; Heidelberg: Springer-Verlag, S. 327 - 345.

Brookers, E. (2010): Anatomy of a Facebook Post: Vitrue's Data Behind Effective Social Media Marketing. Internet http://vitrue.com/blog/2010/09/21/anatomy-of-a-facebook-post-vitrue%E2%80%99s-data-behind-effective-social-media-marketing/, zugegriffen am 31.05.2011.

Brunold, J.; Merz, H.; Wagner, J. (2000): www.cyber-communities.de. Virtual Communities: Strategie, Umsetzung, Erfolgsfaktoren. Landsberg/Lech: verlag moderne industrie AG & Co. KG.

Burmann, C.; Arnhold, U.; Becker, C. (2010): User Generated Branding – Wie Marken vom kreativen Potenzial der Nutzer profitieren. In: Amersdorffer, D. et al. (Hrsg.) (2010): Social Web im Tourismus. Strategien – Konzepte – Einsatzfelder. Berlin; Heidelberg: Springer-Verlag, S. 347 - 362.

Busemann, K.; Gscheidle, C. (2010): Web 2.0. Nutzung steigt – Interesse an aktiver Teilnahme sinkt. In: Media Perspektiven. Nr. 7 - 8, S. 359 - 368. Internet http://www.mediaperspektiven.de/uploads/tx_mppublications/07-08-2010_Busemann.pdf, zugegriffen am 14.04.2011.

Christakis, N. A.; Fowler, J. H. (2010): Connected! Die Macht sozialer Netzwerke und warum Glück ansteckend ist. Frankfurt am Main: S. Fischer Verlag GmbH.

Cialdini, R. B. (2004): Die Psychologie des Überzeugens. Ein Lehrbuch für alle, die ihren Mitmenschen und sich selbst auf die Schliche kommen wollen. 3. Aufl. Bern: Verlag Hans Huber.

Clawien, C. (2008): Social Bookmarking. In: Schwarz, T. (Hrsg.) (2008): Leitfaden Online-Marketing. Das kompakte Wissen der Branche. 2. Aufl. Waghäusel: marketing-BÖRSE GmbH, S. 718 - 720.

Cohen, J. (2011): Most Of Your Friends Still Don't Trust Facebook. Internet http://www.allfacebook.com/most-of-your-friends-still-dont-trust-facebook-2011-05, zugegriffen am 30.05.2011.

Cole, T. (2001): König Kunde ergreift die Macht. In: Geffroy, E. K. (Hrsg.) (2001): ZukunftKunde.com. Das Web gehört dem Kunden. Landsberg/Lech: verlag moderne industrie, S. 71 - 80.

Cole, T.; Gromball, P. (2000): Das Kunden-Kartell. Die neue Macht des Kunden im Internet. München; Wien: Carl Hanser Verlag.

Dollhausen, K.; Wehner, J. (2003): Virtuelle Gruppen – Integration durch Netzkommunikation? Gesellschafts- und medientheoretische Überlegungen. In: Thiedeke, U. (Hrsg.) (2003): Virtuelle Gruppen. Charakteristika und Problemdimensionen. 2. Aufl. Wiesbaden: Westdeutscher Verlag/GWV Fachverlage GmbH, S. 68 - 87.

Ebersbach, A.; Glaser, M.; Heigl, R. (2008): Social Web. Konstanz: UVK Verlagsgesellschaft mbH.

Egli, A.; Gremaud, T. (2008): Die Kundenrevolution: Warum Unternehmen umdenken müssen. In: Kaul, H.; Steinmann, C. (Hrsg.) (2008): Community Marketing. Wie Unternehmen in sozialen Netzwerken Werte schaffen. Stuttgart: Schäffer-Poeschel Verlag, S. 3 - 15.

Eick, G. (2010): Paradigmenwechsel in der Markenführung. In: absatzwirtschaft. Sonderausgabe zum Deutschen Marketing-Tag 2010, S. 44 - 45.

Forscht, T.; Swoboda, B. (2007): Käuferverhalten. Grundlagen – Perspektiven – Anwendungen. 3. Aufl. Wiesbaden: Betriebswirtschaftlicher Verlag Dr. Th. Gabler I GWV Fachverlage GmbH.

Förster, A.; Kreuz, P. (2002): Offensives Marketing im E-Business. Loyale Kunden gewinnen – CRM-Potenziale nutzen. Berlin; Heidelberg: Springer-Verlag.

Gabler, T. (2011): simyo startet Facebook-Shop. ‚Wir sind gespannt auf die Reaktionen.' Internet http://www.internetworld.de/Nachrichten/E-Commerce/Handel/simyo-startet-Facebook-Shop-Wir-sind-gespannt-auf-die-Reaktionen-57167.html, zugegriffen am 04.06.2011.

Garczorz, I.; Krafft, M. (2001): Entwicklung des Distributionsmediums. Wie halte ich den Kunden? – Kundenbindung. In: Albers, S. et al. (Hrsg.) (2001): eCommerce. Einstieg, Strategie und Umsetzung im Unternehmen. 3. Aufl. Frankfurt am Main: F.A.Z.-Institut für Management-, Markt- und Medieninformationen GmbH, S. 137 - 149.

Geffroy, E. K. (1999): Beziehungen statt Produkte. In: Ders. (Hrsg.) (1999): Das einzige, was immer noch stört, ist der Kunde. Kundenerfolge statt Verkaufserfolge. Landsberg/Lech: verlag moderne industrie, S. 79 - 84.

Geffroy, E. K. (2001a): Die Stimme im Internet. In: Ders. (Hrsg.) (2001): ZukunftKunde.com. Das Web gehört dem Kunden. Landsberg/Lech: verlag moderne industrie, S. 13 - 20.

Geffroy, E. K. (2001b): Das Web gehört dem Kunden. In: Ders. (Hrsg.) (2001): ZukunftKunde.com. Das Web gehört dem Kunden. Landsberg/Lech: verlag moderne industrie, S. 59 - 70.

Gerhards, M.; Klingler, W., Trump, T. (2008): Das Social Web aus Rezipientensicht: Motivation, Nutzung und Nutzertypen. In: Zerfaß, A.; Welker, M.; Schmidt, J. (Hrsg.) (2008): Kommunikation, Partizipation und Wirkungen im Social Web. Grundlagen und Methoden: Von der Gesellschaft zum Individuum. Bd. 1: Neue Schriften zur Online-Forschung. Köln: Herbert von Halem Verlag, S. 129 - 148.

Gladwell, M. (2000): Der Tipping Point. Wie kleine Dinge Grosses bewirken können. Berlin: Berlin Verlag.

Godau, M.; Ripanti, M. (2008): Online-Communitys im Web 2.0. So funktionieren im Mitmachnetz Aufbau, Betrieb und Vermarktung. Göttingen: BusinessVillage GmbH.

Goldammer, P. (2001): Was ist E-Branding? Erkenntnisse zur Markenführung im Internet. In: Riekhof, H.-C. (Hrsg.) (2001): E-Branding-Strategien. Mit Fallstudien von Amazon, Dell, Eddie Bauer und Otto sowie Konzepten von Boston Consulting, Elephant Seven, Grey, IFM, Scholz & Friends und Unykat. Wiesbaden: Betriebswirtschaftlicher Verlag Dr. Th. Gabler GmbH, S. 199 - 213.

Graf, A. (2010): Social Commerce Definition – Ein Update. Internet http://www.kassenzone.de/2010/06/16/social-commerce-definition/, zugegriffen am 18.05.2011.

Greskamp, F. (2010): Tipping Point (Malcolm Gladwell). In: Michelis, D.; Schildhauer, T. (Hrsg.) (2010): Social Media Handbuch. Theorien, Methoden, Modelle. Baden-Baden: Nomos Verlagsgesellschaft/Edition Reinhard Fischer, S. 53 - 66.

Gruber, G. (2008): Planungsprozess der Markenkommunikation in Web 2.0 und Social Media. Ziele - Strategieoptionen - Erfolgskontrolle. Saarbrücken: VDM Verlag Dr. Müller Aktiengesellschaft & Co. KG.

Gysel, S.; Michelis, D.; Schildhauer, T. (2010): Die sozialen Medien des Web 2.0: Strategische und operative Erfolgsfaktoren am Beispiel der Facebook-Kampagne des WWF. In: Michelis, D.; Schildhauer, T. (Hrsg.) (2010): Social Media Handbuch. Theorien, Methoden, Modelle. Baden-Baden: Nomos Verlagsgesellschaft/Edition Reinhard Fischer, S. 221 - 235.

Haderlein, A. (2006): Marketing 2.0. Von der Masse zur Community. Fakten und Ausblicke zur neuen (Online-) Kommunikation. Kelkheim: :Zukunftsinstitut GmbH.

Hagel, J. III.; Armstrong, A. G. (1997): Net Gain – Profit im Netz. Märkte erobern mit virtuellen Communities. Wiesbaden: Betriebswirtschaftlicher Verlag Dr. Th. Gabler GmbH.

Harris, G. (1999): Empfehlen Sie uns weiter! Mundpropaganda als Marketinginstrument. Wien; Hamburg: Signum Verlag Ges.m.b.H. & Co. KG.

Haug, K.; Küper, J. (2010): Das Potenzial von Kundenbeteiligung im Web-2.0-Online-Shop. Produktbewertungen als Kernfaktor des ‚Consumer-Generated-Marketing'. In: Heinemann, G.; Haug, A. (Hrsg.) (2010): Web-Exzellenz im E-Commerce. Innovation und Transformation im Handel. Wiesbaden: Gabler Verlag I Springer Fachmedien Wiesbaden GmbH, S. 115 - 133.

Heinemann, G. (2010a): Der neue Online-Handel. Erfolgsfaktoren und Best Practices. 2. Aufl. Wiesbaden: Gabler / GWV Fachverlage GmbH.

Heinemann, G. (2010b): Aktuelle Situation und zukünftige Herausforderungen im E-Commerce. Was New-Online-Retailer auszeichnet. In: Ders.; Haug, A. (Hrsg.) (2010): Web-Exzellenz im E-Commerce. Innovation und Transformation im Handel. Wiesbaden: Gabler Verlag I Springer Fachmedien Wiesbaden GmbH, S. 3 - 19.

Heintz, B. (2003): Gemeinschaft ohne Nähe? Virtuelle Gruppen und reale Netze. In: Thiedeke, U. (Hrsg.) (2003): Virtuelle Gruppen. Charakteristika und Problemdimensionen. 2. Aufl. Wiesbaden: Westdeutscher Verlag/GWV Fachverlage GmbH, S. 180 - 210.

Henning, B. (2010): Die Stimme des Kunden nutzen. In: retail technology. 2010, Nr. 4, S. 52, zugegriffen über www.wiso-net.de am 02.05.2011.

Hermes, V. (2010): Twitter, Facebook & Co als Vertriebskanal. In: absatzwirtschaft. 2010, Nr. 7, S. 78 - 81, zugegriffen über www.wiso-net.de am 23.05.2011.

Hettler, U. (2010): Social Media Marketing. Marketing mit Blogs, Sozialen Netzwerken und weiteren Anwendungen des Web 2.0. München: Oldenbourg Wissenschaftsverlag GmbH.

Heymann-Reder, D. (2011): Social Media Marketing. Erfolgreiche Strategien für Sie und Ihr Unternehmen. München: Addison-Wesley Verlag.

Hilker, C. (2010): Social Media für Unternehmen. Wie man Xing, Twitter, YouTube und Co. erfolgreich im Business einsetzt. Wien: LINDE VERLAG WIEN Ges.m.b.H.

Holzapfel, F.; Holzapfel, K. (2010): facebook. Marketing unter Freunden. Dialog statt plumpe Werbung. Göttingen: BusinessVillage GmbH.

Hoppe, M. (2009): Informelle Mitgliedschaft in Brand Communities. Einflussfaktoren, Konsequenzen und Gruppenunterschiede. Wiesbaden: Gabler I GWV Fachverlage GmbH.

Huber, M. (2010): Kommunikation im Web 2.0. Twitter, Facebook & Co. 2. Aufl. Konstanz: UVK Verlagsgesellschaft mbH.

Huber, W. (2008): Social Commerce: Funktion und Faszination der Community auf dem Online-Marktplatz eBay. In: Kaul, H.; Steinmann, C. (Hrsg.) (2008): Community Marketing. Wie Unternehmen in sozialen Netzwerken Werte schaffen. Stuttgart: Schäffer-Poeschel Verlag, S. 155 - 171.

Hummel, J. (2005): Online-Gemeinschaften als Geschäftsmodell. Eine Analyse aus sozioökonomischer Perspektive. Bd. 340: nbf – neue betriebswirtschaftliche forschung. Wiesbaden: Deutscher Universitäts-Verlag/GWV Fachverlage GmbH.

Hünnekens, W. (2009): Die Ich-Sender. Das Social Media-Prinzip. Twitter, Facebook & Communitys erfolgreich einsetzen. Göttingen: BusinessVillage.

Hutter, T. (2010): Facebook – Konsumenten folgen Social Brand Empfehlungen. Internet http://www.thomashutter.com/index.php/2010/04/facebook-konsumten-folgen-social-brand-empfehlungen/, zugegriffen am 31.05.2011.

IBM Institute for Business Value (2011): From social media to Social CRM. What customers want. The first in a two-part series. Internet ftp://public.dhe.ibm.com/common/ssi/ecm/en/gbe03391usen/GBE03391USEN.PDF, zugegriffen am 30.05.2011.

Kain, A. (2010): Wikinomics (Don Tapscott, Anthony D. Williams). In: Michelis, D.; Schildhauer, T. (Hrsg.) (2010): Social Media Handbuch. Theorien, Methoden, Modelle. Baden-Baden: Nomos Verlagsgesellschaft/Edition Reinhard Fischer, S. 149 - 160.

Karle, R. (2010): Die Macht der vielen. In: absatzwirtschaft. Sonderausgabe zum Deutschen Marketing-Tag 2010, S. 32 - 40.

Knappe, M.; Kracklauer, A. (2007): Verkaufschance Web 2.0. Dialoge fördern, Absätze steigern, neue Märkte erschließen. Wiesbaden: Betriebswirtschaftlicher Verlag Dr. Th. Gabler I GWV Fachverlage GmbH.

Kneidinger, B. (2010): Facebook und Co. Eine soziologische Analyse von Interaktionsformen in Online Social Networks. Wiesbaden: VS Verlag für Sozialwissenschaften I Springer Fachmedien Wiesbaden GmbH.

Koch, M.; Richter, A. (2009): Enterprise 2.0. Planung, Einführung und erfolgreicher Einsatz von Social Software in Unternehmen. 2. Aufl. München: Oldenbourg Wissenschaftsverlag GmbH.

Konitzer, M.-A. (2000): Content ist King. In: Stephan, P. F. (Hrsg.) (2000): Events und E-Commerce. Kundenbindung und Markenführung im Internet. Berlin; Heidelberg: Springer-Verlag, S. 395 - 399.

Kösters, A. (2008): Erfolgsfaktoren von Partnerprogrammen. In: Schwarz, T. (Hrsg.) (2008): Leitfaden Online-Marketing. Das kompakte Wissen der Branche. 2. Aufl. Waghäusel: marketing-BÖRSE GmbH, S. 387 - 410.

Kroeber-Riel, W.; Weinberg, P.; Gröppel-Klein, A. (2009): Konsumentenverhalten. 9. Aufl. München: Verlag Franz Vahlen GmbH.

Lamla, J.; Jacob, S. (2005): Shopping im Internet. Anstöße für die kulturtheoretische Dimensionierung der Konsumsoziologie. In: Hellmann, K.; Schrage, D. (Hrsg.) (2005): Das Management der Kunden. Studien zur Soziologie des Shopping. Wiesbaden: VS Verlag für Sozialwissenschaften/GWV Fachverlage GmbH, S. 196 - 217.

Lammenett, E. (2011): Online-Marketing Essentials für Online-Shop Betreiber. Aachen: Verlagshaus Mainz GmbH.

Lamp, E. (2009): Die Macht der öffentlichen Meinung – und Warum wir uns ihr beugen. Über die Schattenseiten der menschlichen Natur. München: Olzog Verlag GmbH.

Langner, S. (2008): Viral Marketing. In: Schwarz, T. (Hrsg.) (2008): Leitfaden Online-Marketing. Das kompakte Wissen der Branche. 2. Aufl. Waghäusel: marketing-BÖRSE GmbH, S. 659 - 671.

Li, C.; Bernoff, J. (2009): Facebook, YouTube, Xing & Co. Gewinnen mit Social Technologies. München: Carl Hanser Verlag.

Mahrdt, N.; Krisch, M. (2010): Electronic Fashion. E-Shops für Luxusmode aufbauen und profitabel managen. Wiesbaden: Gabler Verlag I Springer Fachmedien Wiesbaden GmbH.

McRoberts, B. et al. (2010): Understanding the role of the internet in the lives of consumers. Digital influence index. Harris interactive; Fleishman-Hilliard Inc. Internet http://digitalinfluence.fleishmanhillard.de/pictures_study/Digital_Influence_Index_white paper.pdf, zugegriffen am 04.05.2011.

Meerman Scott, D. (2010): Die neuen Marketing- und PR-Regeln im Web 2.0. Wie Sie im Social Web News Releases, Blogs, Podcasting und virales Marketing nutzen, um Ihre Kunden zu erreichen. 2. Aufl. Heidelberg; München; Landsberg; Frechen; Hamburg: mitp-Verlag, Verlagsgruppe Hüthig Jehle Rehm GmbH.

Michelis, D. (2010a): Groundswell (Charlene Li, Josh Bernoff). In: Ders.; Schildhauer, T. (Hrsg.) (2010): Social Media Handbuch. Theorien, Methoden, Modelle. Baden-Baden: Nomos Verlagsgesellschaft/Edition Reinhard Fischer, S. 204 - 217.

Michelis, D.; Trültzsch, T. (2010b): The Long Tail (Chris Anderson). In: Ders.; Schildhauer, T. (Hrsg.) (2010): Social Media Handbuch. Theorien, Methoden, Modelle. Baden-Baden: Nomos Verlagsgesellschaft/Edition Reinhard Fischer, S. 173 - 188.

Mielau, M.; Schmiegelow, A. (2010): Markenführung in sozialen Medien – Neue Wege zum Konsumentenherz. In: Beisswenger, A. (2010): YouTube und seine Kinder. Wie Online-Video, Web TV und Social Media die Kommunikation von Marken, Medien und Menschen revolutionieren. Baden-Baden: Nomos Verlagsgesellschaft/Edition Reinhard Fischer, S. 105 - 120.

Modahl, M. (2000): Der Wettlauf um den Internet-Kunden. Die bahnbrechende Studie zu Kundenprofilen im World Wide Web. Landsberg/Lech: verlag moderne industrie.

Möhlenbruch, D.; Dölling, S., Ritschel, F. (2007): Neue interaktive Instrumente des Kundenbindungsmanagements im E-Commerce. In: Bauer, H. H.; Große-Leege, D.; Rösger, J. (Hrsg.) (2007): Interactive Marketing im Web 2.0+. Konzepte und Anwendungen für ein erfolgreiches Marketingmanagement im Internet. München: Franz Vahlen GmbH, S. 197 - 214.

Mühlenbeck, F.; Skibicki, K. (2007): Verkaufsweg Social Commerce. Blogs, Podcasts, Communities & Co. - Wie man mit Web 2.0 Marketing Geld verdient. Bd. 2: Reihe Brain Injection – Social Media Marketing. Norderstedt: Books on Demand GmbH.

Mühlenbeck, F.; Skibicki, K. (2008): Community Marketing Management. Wie man Online-Communities im Internet-Zeitalter des Web 2.0 zum Erfolg führt. 2. Aufl. Köln: Brain Injection Ltd. & Co. KG.

Mühlenbeck, F.; Skibicki, K. (2010): Authentizität von Hotelbewertungsplattformen – wie mächtig und wie glaubwürdig ist User Generated Content? In: Amersdorffer, D. et al. (Hrsg.) (2010): Social Web im Tourismus. Strategien – Konzepte – Einsatzfelder. Berlin; Heidelberg: Springer-Verlag, S. 57 - 70.

Münker, S. (2010): Die Sozialen Medien des Web 2.0. In: Michelis, D.; Schildhauer, T. (Hrsg.) (2010): Social Media Handbuch. Theorien, Methoden, Modelle. Baden-Baden: Nomos Verlagsgesellschaft/Edition Reinhard Fischer, S. 31 - 41.

Negelmann, B. (2009): Trends im E-Commerce – von Matthias Schrader erklärt! Internet http://espresso-digital.de/blog/2009/06/25/trends-im-e-commerce-von-matthias-schrader-erklart/, zugegriffen am 18.05.2011.

Nielson, J. (2006): Participation Inequality: Encouraging More Users to Contribute. Internet http://www.useit.com/alertbox/participation_inequality.html, zugegriffen am 31.05.2011.

Nitsche, M. (2008): Social Commerce. In: Schwarz, T. (Hrsg.) (2008): Leitfaden Online-Marketing. Das kompakte Wissen der Branche. 2. Aufl. Waghäusel: marketing-BÖRSE GmbH, S. 691 - 697.

Noel, H. (2010): Konsumverhalten. Basics Marketing. Consumer Behaviour. München: Stiebner Verlag GmbH.

O.V. (2009): Zuhören kostet Geld. Internet http://www.socialcommerce.de/2009/07/10/zuhoren-kostet-geld/, zugegriffen am 18.05.2011.

O.V (2010a): Marketing-Hysterie um Social Commerce. Internet http://www.socialcommerce.de/2010/03/29/marketing-hysterie-um-social-commerce/, zugegriffen am 18.05.2011.

O.V. (2010b): "Like-Button" bringt Online-Händlern neue Kunden. Internet http://www.computerwoche.de/netzwerke/web/2350578/, zugegriffen am 31.05.2011.

O.V. (2011a): Studie zur Zukunft des E-Commerce. Empfehlen und spielen. Internet http://www.internetworld.de/Nachrichten/E-Commerce/Zahlen-Studien/Studie-zur-Zukunft-des-E-Commerce-Empfehlen-und-spielen-57092.html, zugegriffen am 18.05.2011.

O.V. (2011b): Social Commerce: Anbieter von Shop-Systeme mit Facebook-Anbindung. Internet http://www.facebookbiz.de/artikel/social-commerce-shop-systeme-facebook-anbindung_anbieter, zugegriffen am 31.05.2011.

O.V. (2011c): 50 Mio. Gefällt mit Klicks für Facebook Seiten – pro Tag. Internet http://www.facebookbiz.de/artikel/50-mio-gefallt-mit-klicks-fur-facebook-seiten-pro-tag#more-10727, zugegriffen am 01.06.2011.

O.V. (2011d): Haben Sie schon Fans gekauft? Internet http://www.internetworld.de/Menschen-Meinungen/Umfragen/Kuenstliche-Vermehrung-von-Facebook-Fans-Haben-Sie-schon-Fans-gekauft-57206.html, zugegriffen am 01.06.2011.

O.V. (2011e): Ticketmaster & Eventbrite – Mehr Umsatz durch Facebook. Internet http://www.facebookbiz.de/artikel/ticketmaster-eventbrite-mehr-umsatz-durch-facebook, zugegriffen am 04.06.2011.

O.V. (2011f): 12 Monate Social & Facebook Commerce (Infographic). Internet http://www.facebookbiz.de/artikel/infografik-12-monate-social-facebook-commerce, zugegriffen am 04.06.2011.

O.V. (2011g): F-Commerce vs. Social Commerce. Internet http://fbwatchblog.de/f-commerce-vs-social-commerce-18052011, zugegriffen am 04.06.2011.

O.V. (2011h): Facebook-Commerce. Joop startet Pop up Boutique. Internet http://www.facebookbiz.de/artikel/facebook-commerce-joop-startet-die-pop-up-boutique, zugegriffen am 08.06.2011.

Peters, P. (2011): Wie Corporate Facebook Posts effektiv werden. Internet http://yesbo.de/reputationmanagement/2011/05/13/wie-corporate-facebook-posts-effektiv-werden/, zugegriffen am 31.05.2011.

Peters, R.; Reitzenstein, I. (2007): Reputationssysteme im eCommerce – Funktionsweise, Anwendung und Nutzenpotenziale. In: Hofmann, J.; Meier, A. (Hrsg.) (2007): Webbasierte Geschäftsmodelle. Heidelberg: dpunkt.verlag GmbH, S. 43 - 50.

Pfeiffer, T.; Koch, B. (2011): Social Media. Wie Sie mit Twitter, Facebook und Co. Ihren Kunden näher kommen. München: Addison-Wesley Verlag.

Prack, R.-P. (2010): Beeinflussung im Verkaufsgespräch. Wie Sie beim Kunden den Schalter auf „Kauf" stellen. 2. Aufl. Wiesbaden: Gabler Verlag I Springer Fachmedien Wiesbaden GmbH.

Qualman, E. (2010): Socialnomics. Wie Social Media Wirtschaft und Gesellschaft verändern. Heidelberg; München; Landsberg; Frechen; Hamburg: mitp, eine Marke der Verlagsgruppe Hüthig Jehle Rehm GmbH.

Ramge, T. (2010): Die Ignoranz der Masse. In: brand eins. 2010, Nr. 10, S. 126 - 128, zugegriffen über www.wiso-net.de am 02.05.2011.

Renker, L.-C. (2008): Virales Marketing im Web 2.0. Innovative Ansätze einer interaktiven Kommunikation mit dem Konsumenten. München: IFME®- Edition.

Richter, A.; Koch, M.; Krisch, J. (2007): Social Commerce. Eine Analyse des Wandels im E-Commerce. Internet http://www.kooperationssysteme.de/docs/pubs/RichterKochKrisch2007-bericht-socialcommerce.pdf, zugegriffen am 22.04.2011.

Riekhof, H.-C. (2001): Strategische Optionen im E-Branding. In: Ders. (Hrsg.) (2001): E-Branding-Strategien. Mit Fallstudien von Amazon, Dell, Eddie Bauer und Otto sowie Konzepten von Boston Consulting, Elephant Seven, Grey, IFM, Scholz & Friends und Unykat. Wiesbaden: Betriebswirtschaftlicher Verlag Dr. Th. Gabler GmbH, S. 13 - 29.

Roskos, M. (2011): Warum liest das denn keiner auf Facebook? 3 entscheidende Faktoren für den Erfolg eines Facebook-Postings. Internet http://www.socialnetworkstrategien.de/2011/05/warum-liest-das-denn-keiner-auf-facebook-3-entscheidende-faktoren-fur-den-erfolg-eines-facebook-postings/, zugegriffen am 31.05.2011.

Roth, P. (2010): Facebook Social Plugins: Like Button, Recommendations, Activity Feed, Like Box usw. – Die neuen und alten Plugins im Überblick. Internet http://allfacebook.de/connect/facebook-social-plugins-like-button-recommendations-activity-feed-like-box-usw-die-neuen-und-alten-plugins-im-uberblick, zugegriffen am 31.05.2011.

Roth, P. (2011): Infografik: Facebook Zahlen & Fakten 2011. Internet http://allfacebook.de/zahlen_fakten/infografik-facebook-zahlen-fakten-2011, zugegriffen am 30.05.2011.

Rudolph, T.; Emrich, O.; Meise, J. N. (2007): Einsatzmöglichkeiten von Web 2.0-Istrumenten im Online-Handel und ihre Nutzung durch Konsumenten. In: Bauer, H. H.; Große-Leege, D.; Rösger, J. (Hrsg.) (2007): Interactive Marketing im Web 2.0+. Konzepte und Anwendungen für ein erfolgreiches Marketingmanagement im Internet. München: Franz Vahlen GmbH, S. 183 - 196.

Schäfers, B. (2010): Social Shopping für Mode, Wohnen und Lifestyle am Beispiel Smatch.com. Wie nutzergenerierte Produktempfehlungen den Kaufprozess verändern. In: Heinemann, G.; Haug, A. (Hrsg.) (2010): Web-Exzellenz im E-Commerce. Innovation und Transformation im Handel. Wiesbaden: Gabler Verlag I Springer Fachmedien Wiesbaden GmbH, S. 305 - 316.

Scheelen, F. M. (2001): Faktor Mensch im E-Commerce. In: Geffroy, E. K. (Hrsg.) (2001): Zukunft Kunde.com. Das Web gehört dem Kunden. Landsberg/Lech: verlag moderne industrie, S. 21 - 38.

Schlömer, T. (2001): E-Commerce ist tot – es lebe der I-Commerce! Ab jetzt zählt Kundenorientierung. In: Geffroy, E. K. (Hrsg.) (2001): Zukunft Kunde.com. Das Web gehört dem Kunden. Landsberg/Lech: verlag moderne industrie, S. 177 - 198.

Schmidt, H. (2011): Social Media: Der Erfolg wächst mit der Erfahrung. Internet http://faz-community.faz.net/blogs/netzkonom/archive/2011/04/29/der-einfluss-von-social-media-auf-das-marketing-waechst.aspx, zugegriffen am 23.05.2011.

Schmidt, J. (2008): Was ist neu am Social Web? Soziologische und kommunikationswissenschaftliche Grundlagen. In: Zerfaß, Ansgar; Welker, Martin; Ders. (Hrsg.) (2008): Kommunikation, Partizipation und Wirkungen im Social Web. Bd. 1: Grundlagen und Methoden: Von der Gesellschaft zum Individuum. Köln: Herbert von Halem Verlag, S. 18 - 40.

Schmitz, C. A. (1999): Herausforderung Zukunft. In: Geffroy, E. K. (Hrsg.) (1999): Das einzige, was immer noch stört, ist der Kunde. Kundenerfolge statt Verkaufserfolge. Landsberg/Lech: verlag moderne industrie, S. 85 - 108.

Schneider, D. (2001): Marketing 2.0. Absatzstrategien für turbulente Zeiten. Wiesbaden: Betriebswirtschaftlicher Verlag Dr. Th. Gabler GmbH.

Schönbeck, R. (2008): Preisvergleiche bringen Onlinekäufer. In: Schwarz, T. (Hrsg.) (2008): Leitfaden Online-Marketing. Das kompakte Wissen der Branche. 2. Aufl. Waghäusel: marketing-BÖRSE GmbH, S. 411 - 414.

Schönefeld, F. (2009): Praxisleitfaden Enterprise 2.0. Wettbewerbsfähig durch neue Formen der Zusammenarbeit, Kundenbindung und Innovation. Basiswissen zum erfolgreichen Einsatz von Web 2.0-Technologien. München: Carl Hanser Verlag.

Schulz, S. (2000): Die Marke im interaktiven Dialog: Wie Dialogmarketing den Erfolg von E-Commerce beeinflusst. In: Stephan, P. F. (Hrsg.) (2000): Events und E-Commerce. Kundenbindung und Markenführung im Internet. Berlin; Heidelberg: Springer-Verlag, S. 379 - 393.

Schweitzer, M. (2008): Kundenzufriedenheit und Kundenbindung im Internet. Determinanten und Erfolgsfaktoren im Bereich E-Commerce. Diplomarbeit, Fachbereich Design Informatik Medien, Hochschule RheinMain, Wiesbaden.

Schwieger, M. (2010): Vom Einkaufsnetz zur Shopping-Welt im Internet. Wie Emotionalisierung und Interaktion das Shopping-Erlebnis verändern. In: Heinemann, G.; Haug, A. (Hrsg.) (2010): Web-Exzellenz im E-Commerce. Innovation und Transformation im Handel. Wiesbaden: Gabler Verlag I Springer Fachmedien Wiesbaden GmbH, S. 293 - 303.

Send, H. (2010): Die Weisheit der Vielen (James Surowiecki). In: Michelis, D.; Schildhauer, T. (Hrsg.) (2010): Social Media Handbuch. Theorien, Methoden, Modelle. Baden-Baden: Nomos Verlagsgesellschaft/Edition Reinhard Fischer, S. 91 - 104.

Seyer, K. (2010): Dialog statt Monolog. Herausforderungen für Unternehmen in Social Networks am Beispiel Facebook. Bachelorthesis, Wiesbaden Business School, Hochschule Rhein-Main.

Shih, C. (2011): The Facebook Era. Tapping Online Social Networks to Market, Sell, and Innovate. Boston: Pearson Education, Inc.

Shuen, A. (2008): Die Web 2.0-Strategie. Innovative Geschäftsmodelle im Internet. Köln: O'Reilly Verlag GmbH & Co. KG.

Spengler, C.; Müller, J. (2008): Markenkommunikation im Wandel: Welcher Marken-Touchpoint zählt? In: Kaul, H.; Steinmann, C. (Hrsg.) (2008): Community Marketing. Wie Unternehmen in sozialen Netzwerken Werte schaffen. Stuttgart: Schäffer-Poeschel Verlag, S. 217 - 233.

Stamer, S. (2008): Enterprise 2.0 – Learning by doing. In: Buhse, W.; Ders. (Hrsg.) (2008): Enterprise 2.0 – die Kunst, loszulassen. Berlin: Rhombos-Verlag, S. 59 - 87.

Stormer, H.; Frauchiger, D. (2007): Aktuelle Entwicklungen elektronischer Shopsysteme. In: Hofmann, J.; Meier, A. (Hrsg.) (2007): Webbasierte Geschäftsmodelle. Heidelberg: dpunkt.verlag GmbH, S. 61 - 70.

Stuber, R. (2010): Erfolgreiches Social Media Marketing mit Facebook, Twitter, XING & Co. Düsseldorf: DATA BECKER GmbH & Co. KG.

Tapscott, D.; Williams, A. D. (2007): Wikinomics. Die Revolution im Netz. München: Carl Hanser Verlag.

Thiedeke, U. (2003): Virtuelle Gruppen. Begriff und Charakteristika. In: Ders. (Hrsg.) (2003): Virtuelle Gruppen. Charakteristika und Problemdimensionen. 2. Aufl. Wiesbaden: Westdeutscher Verlag/GWV Fachverlage GmbH, S. 23 - 67.

Thomsen, M. (2010): Affiliate Marketing. Erfolg mit Partnerprogrammen. Interview mit Marcel Thomsen, Geschäftsführer, active performance GmbH. Internet http://www.bvdw.org/veranstaltungen/dmexco/guided-tours-2011/statements-2010/affiliate-marketing-erfolg-mit-partnerprogrammen.html, zugegriffen am 09.05.2011.

Tißler, J. (2011): F-Commerce: Facebook löst Amazon in fünf Jahren ab. Internet http://t3n.de/news/f-commerce-facebook-lost-amazon-funf-jahren-ab-304312/, zugegriffen am 03.06.2011.

Unterberg, B. (2008): Consumer Generated Advertising: Konsumenten als Marktpartner in der Werbung. In: Kaul, H.; Steinmann, C. (Hrsg.) (2008): Community Marketing. Wie Unternehmen in sozialen Netzwerken Werte schaffen. Stuttgart: Schäffer-Poeschel Verlag, S. 203 - 215.

Urchs, O.; Körner, A. (2008): Mundpropaganda Marketing. In: Schwarz, T. (Hrsg.) (2008): Leitfaden Online-Marketing. Das kompakte Wissen der Branche. 2. Aufl. Waghäusel: marktingBÖRSE GmbH, S. 672 - 680.

Vander, H. (2009): Amazon.com. Wie das US-Versandhaus zum größten Online-Händler der Welt wurde. Mauritius: Fastbook Publishing, VDM Publishing House Ltd.

Von Loewenfeld, F. (2006): Brand Communities. Erfolgsfaktoren und ökonomische Relevant von Markengemeinschaften. Wiesbaden: Deutscher Universitäts-Verlag I GWV Fachverlage GmbH.

Von Wangenheim, F. (2003): Weiterempfehlung und Kundenwert. Ein Ansatz zur persönlichen Kommunikation. Wiesbaden: Deutscher Universitäts-Verlag I GWV Fachverlage GmbH.

Voß, G. G.; Rieder, K. (2006): Der arbeitende Kunde. Wenn Konsumenten zu unbezahlten Mitarbeitern werden. Frankfurt am Main: Campus Verlag GmbH.

Weinberg, T. (2010): Social Media Marketing. Strategien für Twitter, Facebook & Co. Köln: O'Reilly Verlag.

Weiß, Marcel (2010): Was die Facebook Neuerungen für den E-Commerce bedeuten. Internet http://www.excitingcommerce.de/2010/04/was-facebooks-neuerungen-f%C3%BCr-den-e-commerce-bedeuten.html, zugegriffen am 31.05.2011.

Wellensiek, A. (2011): Ist Social-Commerce Fluch oder Segen für den Online-Handel? Internet http://andreas-wellensiek.de/e-commerce/ist-social-commerce-fluch-oder-segen-fur-den-online-handel/, zugegriffen am 08.06.2011.

Wenzel, E.; Haderlein, A.; Mijnals, P. (2007): Shopping Szenarien. Die neuen Sehnsüchte der Konsumenten. Kelkheim: :Zukunftsinstitut GmbH.

Wenzel, E.; Haderlein, A.; Mijnals, P. (2009): Future-Shopping. Die neue Lust an der Verführung – die wichtigsten Trends. München: mi-Fachverlag, FinanzBuch Verlag GmbH.

Zarrella, D.; Zarrella A. (2011): The facebook marketing book. Sebastopol: O'Reilly Media, Inc.

Zwick, V. (2001): Internet-Shopping. Preiswert und sicher online einkaufen. Niedernhausen: FALKEN Verlag.

Anhang

Nr. 1 - 7: Fragebogen Social Shopper (2011)

Nr. 8 - 13: Fragebogen Sellaround Nutzer in Deutsch (2011)

Online-Umfrage der Social Shopper

In welchen sozialen Netzwerken sind Sie angemeldet?

- ☐ Facebook
- ☐ StudiVZ, SchülerVZ, meinVZ
- ☐ XING
- ☐ Lokalisten
- ☐ MySpace
- ☐ Stayfriends
- ☐ Wer kennt wen
- ☐ Twitter
- ☐ Jappy
- ☐ Lokale Community
- ☐ Sonstiges:

Wie häufig nutzen Sie folgende Netzwerke?
Bitte füllen Sie die Matrix vollständig aus.

	mehrmals täglich	täglich	mehrmals wöchentlich	mehrmals im Monat	einmal im Monat	nie	kenne ich nicht
Facebook	○	○	○	○	○	○	○
StudiVZ, SchülerVZ, meinVZ	○	○	○	○	○	○	○
XING	○	○	○	○	○	○	○
Lokalisten	○	○	○	○	○	○	○
MySpace	○	○	○	○	○	○	○
Stayfriends	○	○	○	○	○	○	○
Wer kennt wen	○	○	○	○	○	○	○
Twitter	○	○	○	○	○	○	○
Jappy	○	○	○	○	○	○	○
Lokale Community	○	○	○	○	○	○	○
andere	○	○	○	○	○	○	○

Warum nutzen Sie soziale Netzwerke?

- ☐ Um den Kontakt zu Freunden und Bekannten zu halten
- ☐ Um neue Menschen kennenzulernen
- ☐ Um mich mit Gleichgesinnten auszutauschen
- ☐ Um einen Lebenspartner zu finden
- ☐ Um Geschäftskontakte zu knüpfen
- ☐ Um mich über Unternehmen, Marken und Produkte zu informieren
- ☐ Sonstiges:

Nutzen Sie das Internet für die Informations- und Produktsuche vor einem Kauf?

- ○ immer
- ○ oft
- ○ selten
- ○ nie

Nutzen Sie die Internetsuche für Online- oder Offlinekäufe?

- ○ online
- ○ offline
- ○ beides
- ○ gar nicht

Über welche Produkte und Dienstleistungen informieren Sie sich vorab im Internet?

- ☐ Kameras/Digitale Kamera
- ☐ Computergeräte und Zubehör
- ☐ Unterhaltungselektronik (TV, Hifi)
- ☐ Telekommunikationsgeräte
- ☐ Haushaltsgeräte
- ☐ Reisen
- ☐ Bücher
- ☐ Automobile
- ☐ Versicherungen
- ☐ Restaurants
- ☐ Kosmetik
- ☐ Medikamente
- ☐ Kleidung/Schuhe/Accessoires
- ☐ Sonstiges:

Wie oft beziehen Sie Usermeinungen oder Produktbewertungen im Internet in Ihre Kaufentscheidung mit ein?

- ○ mindestens 1 Mal in der Woche
- ○ alle 2 Wochen
- ○ 1 Mal im Monat
- ○ seltener
- ○ keine Nutzung
- ○ weiß nicht

Haben Sie schon einmal einen Kauf eines Produkts abgebrochen aufgrund negativer Bewertungen anderer?

○ Ja

○ Nein

○ Weiß nicht

Haben Sie schon einmal einen Kauf eines Produkts durchgeführt aufgrund positiver Bewertungen anderer?

○ Ja

○ Nein

○ Weiß nicht

Beurteilen Sie folgende Aussage mit den auszuwählenden Adjektiven:

Nutzermeinungen sind ... als Informationen von Unternehmen.
Bitte füllen Sie die Matrix vollständig aus

	trifft voll und ganz zu	trifft zu	trifft teilweise zu	trifft nicht zu	weiß nicht
informativer	○	○	○	○	○
glaubwürdiger	○	○	○	○	○
direkter	○	○	○	○	○
überzeugender	○	○	○	○	○

Sind Ihnen die Bewertungen von Freunden und Bekannten, aber auch von fremden Personen bezüglich Produkte, Dienstleistungen, Marken und Unternehmen wichtig?

○ sehr wichtig

○ wichtig

○ eher unwichtig

○ gar nicht wichtig

○ weiß nicht

Hat eine Nutzermeinung schon einmal zu einer Verbesserung oder Verschlechterung Ihrer eigenen Meinung zu einer Marke geführt?

○ Verbesserung

○ Verschlechterung

○ beides

○ keines

○ weiß nicht

Haben Sie bereits selbst Bewertungen und Meinungen über Produkte abgegeben?

○ Ja

○ Nein

○ Weiß nicht

Sind Ihnen bereits Unternehmen, Marken oder Produkte in Ihrem sozialen Netzwerk aufgefallen?

○ Ja

○ Nein

○ Weiß nicht

Wie viele Unternehmensseiten verfolgen Sie regelmäßig in Ihrem sozialen Netzwerk?

○ 1 bis 3

○ 3 bis 10

○ 10 bis 20

○ mehr als 20

○ keine

○ weiß nicht

Wenn mehr als 3, welche sind die drei wichtigsten Unternehmen für Sie?

max. 20 Zeichen

max. 20 Zeichen

max. 20 Zeichen

Hatten Sie bereits direkten Kontakt zu einem Unternehmen, Marke oder Produkt in Ihrem sozialen Netzwerk?

○ Ja

○ Nein

○ Weiß nicht

Beurteilen Sie folgende Aussage:
Bitte füllen Sie die Matrix vollständig aus.

	trifft voll und ganz zu	trifft zu	trifft teilweise zu	trifft nicht zu
Ich finde es wichtig, dass Unternehmen, Marken und Produkte sich in meinem sozialen Netzwerk aufhalten.	○	○	○	○

Haben Sie schon einmal ein Produkt eines Unternehmens oder Marke auf Ihrem sozialen Netzwerk (z.B. Pinnwand, Link etc.) veröffentlicht?

○ Ja

○ Nein

○ Weiß nicht

Wenn ja, wo und was?

max. 250 Zeichen

Was war der Grund?

☐ Ich wollte es meinen Freunden zeigen

☐ Ich wollte Meinungen meiner Freunde einholen

☐ Ich wollte zeigen, was ich mir kaufen werde

☐ Ich wollte zeigen, was ich mir gekauft habe

☐ Es gab keinen besonderen Grund

☐ Sonstiges:

Welche Produkte würden Sie auf Ihrem persönlichen Profil posten?

☐ Kameras/Digitale Kamera

☐ Computergeräte und Zubehör

☐ Unterhaltungselektronik (TV, Hifi)

☐ Telekommunikationsgeräte

☐ Haushaltsgeräte

☐ Reisen

☐ Bücher

☐ Automobile

☐ Versicherungen

☐ Restaurants

☐ Kosmetik

☐ Medikamente

☐ Kleidung/Schuhe/Accessoires

☐ Sonstiges:

Sind Ihnen bereits verkaufsfördernde Maßnahmen von Unternehmen in sozialen Netzwerken aufgefallen?

○ Ja

○ Nein

○ Weiß nicht

Wenn ja, welche?

max. 250 Zeichen

Würden Sie auch Produkte über einen integrierten Shop in Ihrem sozialen Netzwerk kaufen?

○ Ja

○ Nein

○ Vielleicht

○ Weiß nicht

Begründen Sie Ihre Antwort:

max. 250 Zeichen

Welche Produkte würden Sie über einen integrierten Online-Shop in Ihrem sozialen Netzwerk kaufen?

☐ Kameras/Digitale Kamera

☐ Computergeräte und Zubehör

☐ Unterhaltungselektronik (TV, Hifi)

☐ Telekommunikationsgeräte

☐ Haushaltsgeräte

☐ Reisen

☐ Bücher

☐ Automobile

☐ Versicherungen

☐ Kosmetik

☐ Medikamente

☐ Kleidung/Schuhe/Accessoires

☐ Sonstiges:

Würden Sie einen kompletten Online-Shop (wie auch auf der Webseite) oder nur Auszüge (einzelne Artikel) in Ihrem sozialen Netzwerk bevorzugen?

○ kompletter Online-Shop

○ Auszüge reichen aus

○ Weiß nicht

○ Interessiert mich nicht

Begründen Sie Ihre Antwort:

max. 250 Zeichen

Hier noch ein paar kurze Angaben zu Ihrer Person:

Welches Geschlecht haben Sie?

- Bitte wählen Sie aus - ▾

Wie alt sind Sie?

- ○ 14 bis 20
- ○ 21 bis 29
- ○ 30 bis 39
- ○ 40 bis 49
- ○ 50 bis 59
- ○ älter als 60

Online-Umfrage der Sellaround Nutzer

In welchen sozialen Netzwerken sind Sie mit Ihrem Unternehmensprofil angemeldet und aktiv?

☐ Facebook

☐ StudiVZ, SchülerVZ, meinVZ

☐ XING

☐ MySpace

☐ Twitter

☐ Sonstiges:

Für welche Zwecke nutzen Sie Ihr Profil in den sozialen Netzwerken?

☐ Unternehmen bekannt machen

☐ Produkte bekannt machen

☐ Marke bekannt machen

☐ Produkte verkaufen

☐ Kontakt zu den Kunden halten

☐ Feedback generieren

☐ Kunden in den Wertschöpfungsprozess integrieren

☐ Neue Geschäftskontakte herstellen

☐ Personal rekrutieren

☐ Sonstiges:

Beurteilen Sie folgende Aussagen:
Bitte füllen Sie die Matrix vollständig aus.

	trifft voll und ganz zu	trifft zu	trifft teilweise zu	trifft nicht zu
Wir haben erkannt, dass die Kunden durch soziale Netzwerke deutlich mehr Einfluss auf Unternehmen, Marken und Produkte haben.	○	○	○	○
Wir stehen im regelmäßigen Kontakt zu unseren Kunden und berücksichtigen ihre Wünsche, Bedürfnisse und Anregungen.	○	○	○	○
Im Unternehmen nutzen wir das Feedback der Kunden, um uns an die neuen Bedürfnisse der Usergruppen anzupassen.	○	○	○	○
Im Unternehmen nutzen wir die Kunden als Innovatoren und Partner für die Gestaltung unserer Geschäftsprozesse.	○	○	○	○

Bieten Sie Kommunikationsmöglichkeiten für Kunden auf Ihren Webseiten und Online-Shops an?

- ○ Ja
- ○ Nein
- ○ In Planung

Wenn ja, welche?

- ☐ Bewertungssysteme
- ☐ Facebook-Plugin
- ☐ Twitter-Plugin
- ☐ Empfehlungsbuttons
- ☐ Community
- ☐ Foren
- ☐ Social Bookmarks
- ☐ Sonstiges:

Stehen Sie mit Ihren Kunden über soziale Netzwerke im direkten Kontakt?

- ○ Ja, täglich
- ○ Ja, wöchentlich
- ○ Ja, ab und an
- ○ Nein, wir verfolgen nur
- ○ Nie

Achten Sie auf das Feedback der Kunden und versuchen, dieses auch umzusetzen?

- ○ Ja, immer
- ○ Ja, ab und an
- ○ Nein, eher selten
- ○ Kommt auf das Feedback an
- ○ Nie

Berücksichtigen Sie die Bewertungen Ihrer Kunden über soziale Netzwerke zur Optimierung der Wertschöpfungskette Ihres Unternehmens?

○ Ja
○ Nein
○ Ab und an
○ Weiß nicht

Wenn ja, wodurch und in welchen Bereichen?

☐ Entwicklung/Gestaltung
☐ Bewertung/Darstellung
☐ Auswahl
☐ Vertrieb
☐ Marketing/Branding
☐ Service/Kundenbetreuung
☐ Verkauf
☐ Sonstiges:

Wie wichtig empfinden Sie Glaubwürdigkeit, Vertrauen und Authentizität im Umgang mit Ihren Kunden in sozialen Netzwerken?

○ sehr wichtig
○ wichtig
○ nicht immer wichtig, aber meistens
○ weniger wichtig
○ gar nicht wichtig

Beurteilen Sie folgende Aussage:
Bitte füllen Sie die Matrix vollständig aus.

	trifft voll und ganz zu	trifft zu	trifft teilweise zu	trifft nicht zu
Unser Unternehmen tritt in den sozialen Netzwerken völlig kooperativ und transparent auf.	○	○	○	○

Nutzen sie Webtracking Tools zur Auswertung des Verhaltens von Besuchern auf Ihrer Website?

○ Ja
○ Nein
○ Weiß nicht

Wenn ja, haben sich die Zugriffszahlen auf Ihrer Website seit der Nutzung sozialer Netzwerke erhöht?

○ Ja
○ Nein
○ Vielleicht
○ Weiß nicht

Hat sich aufgrund Ihrer Präsenz in sozialen Netzwerken das Suchmaschinen-Ranking Ihres Unternehmens verbessert?

- ○ Ja
- ○ Nein
- ○ Vielleicht
- ○ Weiß nicht

Beurteilen Sie folgende Aussagen:

Durch die Nutzung sozialer Netzwerke...
Bitte füllen Sie die Matrix vollständig aus

	trifft voll und ganz zu	trifft zu	trifft teilweise zu	trifft nicht zu
...erkennen wir deutlich positive Veränderungen im Bezug auf die Reputation unseres Unternehmen.	○	○	○	○
...erkennen wir ein deutlich positives Feedback im Bezug auf unsere Marke/Marken.	○	○	○	○
...erkennen wir eine deutliche Absatzerhöhung.	○	○	○	○

Was ist Ihr Ziel im Bezug auf die Integration von Sellaround.net auf Ihrem Facebook-Profil?

- ☐ Bekanntmachung
- ☐ Verkauf
- ☐ Kundenbindung
- ☐ besondere Angebote für Kunden
- ☐ Präsenz auf Facebook
- ☐ Neukundengewinnung
- ☐ Marketing
- ☐ Promotion
- ☐ Sonstiges:

Welche Produkte bieten Sie über Sellaround.net an?

- ☐ Kameras/Digitale Kamera
- ☐ Computergeräte und Zubehör
- ☐ Unterhaltungselektronik (TV, Hifi)
- ☐ Telekommunikationsgeräte
- ☐ Haushaltsgeräte
- ☐ Reisen
- ☐ Bücher
- ☐ Automobile
- ☐ Versicherungen
- ☐ Kosmetik
- ☐ Medikamente
- ☐ Kleidung/Schuhe/Accessoires
- ☐ Sonstiges:

Beurteilen Sie folgende Aussagen:

Durch die Integration von Sellaround.net über Facebook erkennen wir...
Bitte füllen Sie die Matrix vollständig aus.

	trifft voll und ganz zu	trifft zu	trifft teilweise zu	trifft nicht zu
...eine deutlich stärkere Kundenbindung.	○	○	○	○
...eine deutlich höhere Verbreitung durch die Kunden selbst.	○	○	○	○
...eine deutlich höhere Kauffrequenz und -intensität.	○	○	○	○
...eine deutlich höhere Anzahl an Wiederholungskäufen.	○	○	○	○
...eine deutlich höhere positive Reputation des Unternehmens.	○	○	○	○
...eine deutliche Absatzerhöhung.	○	○	○	○

Planen Sie in Zukunft die Integration eines kompletten Online-Shops auf Facebook?

- ☐ Ja, in naher Zukunft
- ☐ Nicht jetzt, aber in ein paar Jahren denkbar
- ☐ Nein, auf keinen Fall
- ☐ Weiß nicht
- ☐ Sonstiges:

Hier noch ein paar kurze Angaben zu Ihrem Unternehmen:

In welcher Branche sind Sie tätig?

- ☐ Automobilindustrie
- ☐ Bank/Finanzdienstleistungen
- ☐ Chemische-/Pharmazeutische Industrie
- ☐ Consulting
- ☐ Dienstleistungen
- ☐ Druck-/Papier-/Verpackungsindustrie
- ☐ Einzelhandel
- ☐ Freizeit/Unterhaltung/Tourismus
- ☐ Gesundheits-/Sozialwesen
- ☐ Groß-/Außenhandel
- ☐ Instandhaltung/Reparaturdienste/Handwerk
- ☐ Internet/Multimedia
- ☐ IT/EDV
- ☐ Konsum-/Luxusgüter
- ☐ Marketing/Werbung/Vertrieb
- ☐ Maschinenbau/Elektrotechnik/Ingenieurwesen
- ☐ Öffentlicher Dienst
- ☐ Textil-/Bekleidungsindustrie
- ☐ Sonstiges:

Wie lange sind Sie bereits in sozialen Netzwerken tätig?

- ○ weniger als 1 Jahr
- ○ 1 bis 3 Jahre
- ○ 3 bis 5 Jahre
- ○ mehr als 5 Jahre

Glossar

Affiliate -	Vermittler oder Person im zumeist internetbasierten Affiliate-Marketing
Affiliate Marketing -	internetbasierte Vertriebslösung; Vergütung einer Provision durch den zumeist kommerziellen Anbieter bei einer erfolgsorientierten Platzierung
Business-to-Business -	Beziehungen zwischen mindestens zwei Unternehmen
Consumer Generated Advertising -	Von Konsumenten generierte Werbung durch das Schaffen eigener Inhalte
Consumer-to-Consumer -	Geschäftsbeziehungen bzw. Beziehungen zwischen Privatpersonen
Corporate Identity -	Identität eines Unternehmens; Gesamtheit aller gekennzeichneten und von anderen Unternehmen unterscheidenden Merkmale
Cross-Selling -	Dt.: Querverkauf; Verkauf von sich ergänzenden Produkten oder Dienstleistungen
Crowdsourcing -	Dt.: Schwarmauslagerung; Auslagerung der Unternehmensaufgaben und -strukturen auf die Intelligenz und Arbeitskraft von Personen und Konsumenten im Internet (siehe auch Outsourcing)
Der gläserne Mensch -	als Metapher des Datenschutzes im Internet zu sehen; negative Durchleuchtung des Menschen und seines Verhaltens durch den Staat
Enterprise 2.0 -	Unternehmen, das Social Software zur Koordination des Prozesses sowie zum Wissensmanagement und Kontrolle verwendet
Facebook Places -	mobiler Handydienst von Facebook, mit dem man angeben kann, wo und mit wem man sich gerade befindet; Veröffentlichung auf dem eigenen Newsfeed
Facebook-Credits -	Bezahlsystem von Facebook, mit dem man schnell und einfach Produkte über Facebook kaufen kann; eigene Facebook-Währung
Face-to-Face-Kommunikation -	direkte Kommunikation von Angesicht zu Angesicht; kein Einsatz des Internets
Fan -	Fan einer Facebook-Seite sein über den Gefällt-mir-Button; Ausdruck der Sympathie für eine Unternehmensseite in Facebook
Follower -	Begriff aus Twitter; Leser, die die Beiträge eines Autors abonniert haben (aus dem Engl.: to follow = folgen)

Homo sociologicus -	aus dem Lat.: Mensch der Soziologie; Begriff, um den Mensch als gesellschaftliches Wesen zu beschreiben
Human Resources -	Dt.: Humankapital; personengebundenen Wissensbestandteile in den Köpfen der Mitarbeiter
Insights -	auch bekannt als Consumer Insights; gibt an, welche Motive die Konsumenten für einen Kauf eines Produkts haben
liken -	Klicken des Gefällt-mir- oder Like-Bottons auf Facebook, um die Sympathie für etwas auszudrücken und in sein persönliches Netzwerk aufzunehmen
Long Tail -	Dt.: Lange Schwanz; Anbieter im Internet können durch eine große Anzahl an Nischenprodukten Gewinne erzielen
Millenails -	Zielgruppe, die bezüglich Social Commerce sehr affin ist
Monitoring -	Systematische Erfassung, Beobachtung oder Überwachung eines Vorgangs oder Prozesses; Hilfsmittel in Social Media Marketing wie z.B. Beobachtungssysteme
Netzwerkeffekt -	Nutzen eines Netzwerks wächst, sobald dessen Nutzerzahl wächst
Newsfeed -	Startseite oder eigene Pinnwand zum Veröffentlichen eigener Beiträge auf seiner Seite im sozialen Netzwerk
Open Innovation -	Öffnung eines Innovationsprozesses im Unternehmen; Integration von Konsumenten und deren Ideen und Anregungen in die Prozesse des Unternehmens
Outsourcing -	Dt.: Auslagerung; Auslagerung von Unternehmensaufgaben und -strukturen an Drittunternehmen
Page Impressions -	Dt.: Seitenaufrufe; Anzahl der Seitenaufrufe einer Internetseite
PayPal -	Dt.: wörtlich Bezahlfreund; Online-Bezahlsystem mit besonderem Einsatz von Ein- und Verkauf im Online-Handel
Peer Group -	Gruppe von Gleichgesinnten
Personal Messages -	Dt.: Persönliche Nachricht; System zum Versenden von direkten Nachrichten innerhalb sozialer Netzwerke
Pinnwand -	Siehe *Newsfeed*
Point of Living -	Dt.: Ort, an dem man lebt; Orte oder Netzwerke, an denen sich die Konsumenten vermehrt aufhalten
Pull-Medium -	Medium, bei dem der Informationsfluss vom Empfänger gesteuert wird
Push-Medium -	Medium, bei dem der Informationsfluss vom Sender gesteuert wird

Social Graph -	Beziehungen bzw. Kontakte der User in sozialen Netzwerken; Beziehungsgeflecht
Social Plugins -	Integration von Widgets auf der eigenen Webseite, um sich mit sozialen Netzwerken verbinden zu können
Stakeholder -	Dt.: Anspruchsgruppen; natürliche oder juristische Person, die ein Interesse am Verlauf und Prozess eines Unternehmens haben
Targeting -	Dt.: Zielgruppenansprache; richtige Platzierung der richtigen Werbung für die entsprechende Zielgruppe
Traffic -	Datenverkehr auf einer Webseite
User Generated Content -	Von Nutzern erzeugter Inhalt
Utility -	Versorgungssystem, das für andere bereitgestellt wird
Widgets -	Hilfs- bzw. Dienstprogramme oder Tools
Wiki -	Hypertext-System, dessen Inhalte sowohl gelesen als auch geändert werden können
Word-of-Mouth -	Mundpropaganda, um die Bekanntheit des Unternehmens, der Marke und des Produkts zu steigern